"训学研"一体化视域下的足球实验教学研究

方 雯 董志刚 著

科学出版社
北京

内 容 简 介

为提高足球运动专业教学质量，足球专业实验教学亟须改革。"训学研"一体化是足球运动专业实验教学模式改革的新视角，其有利于增加优势教育资源、提高教学质量、推进足球运动专业教学可持续发展、培养足球运动专业学生的创新能力和实践能力。因此，对"训学研"一体化视域下的足球实验教学进行研究，具有深远的理论和实践意义。

本书从"训学研"一体化的视角，对高校足球运动实验教学进行了全面、深入的研究，可作为足球运动专业实验课教师的参考书，也可作为足球运动专业实验室负责人、工作人员的指导书。

图书在版编目（CIP）数据

"训学研"一体化视域下的足球实验教学研究/方雯，董志刚著. —北京：科学出版社，2017.10
　ISBN 978-7-03-054690-6

Ⅰ. ①训⋯　Ⅱ. ①方⋯ ②董⋯　Ⅲ. ①足球运动-运动训练-教学研究-高等学校　Ⅳ. ①G843.2

中国版本图书馆 CIP 数据核字（2017）第 238903 号

责任编辑：胡云志 / 责任校对：王　瑞
责任印制：吴兆东 / 封面设计：华路天然工作室

科学出版社 出版
北京东黄城根北街 16 号
邮政编码：100717
http://www.sciencep.com

北京中石油彩色印刷有限责任公司　印刷
科学出版社发行　各地新华书店经销

*

2017 年 10 月第 　一　 版　开本：720×1000　B5
2017 年 10 月第一次印刷　印张：14 1/4
字数：280 000

定价：86.00 元
（如有印装质量问题，我社负责调换）

前　言

足球运动专业实验教学模式的改革，是遵循高等教育发展规律、提高足球运动专业教学质量的重要工程。"训学研"一体化，是足球运动专业实验教学模式改革的新趋势，有利于增加优势教育资源，提高教学质量，推进足球运动专业教学可持续发展，培养足球运动专业学生的创新能力和实践能力。

足球实验教学模式的改革，要以"训学研"一体化的理念为指导，突出足球运动专业教学与实验室建设工作的主导地位；以整合资源为手段，优化足球运动专业实验室的管理机制；要建设高水平的实验教学师资与管理队伍，全面提高足球运动专业实验教学的整体水平。

本书共七章。第一章绪论，概述高校体育"训学研"一体化模式和高校足球运动实验教学。第二章高校足球运动实验教学的基础理论，分析高校足球运动实验教学的价值取向，分析科学实验观及其养成，提出高校足球运动实验教学的组织与设计，以及足球运动专业学生科学实验素养评价的方式。第三章高校足球运动实验教学模式构建，提出高校足球运动实验教学模式的目标、内容及构建指标。第四章高校足球运动实验理论，分析足球运动实验的目的与方法，阐述足球运动实验研究的实验设计、实验数据分析以及实验报告撰写，并介绍足球运动实验常用的仪器和技术。第五章、第六章和第七章分别阐述高校足球运动的基础实验、综合实验、设计性实验与拓展性实验。

限于作者水平，本书不免存在偏颇之处。衷心希望广大读者不吝提出宝贵意见和建议，以便日后完善。

著　者

2017 年 6 月

目　录

第一章　绪论 …………………………………………………………… 1
　　第一节　高校体育"训学研"一体化模式 ………………………… 1
　　第二节　高校足球运动实验教学概述 …………………………… 3

第二章　高校足球运动实验教学的基础理论 ………………………… 5
　　第一节　高校足球运动实验教学的价值取向 …………………… 5
　　第二节　足球运动实验观及其养成 ……………………………… 9
　　第三节　高校足球运动实验教学的组织 ………………………… 18
　　第四节　高校足球运动实验教学的设计 ………………………… 29
　　第五节　足球运动专业学生足球运动实验素养的评价 ………… 31

第三章　高校足球运动实验教学模式构建 …………………………… 40
　　第一节　高校足球运动实验教学模式的目标 …………………… 40
　　第二节　高校足球运动实验教学模式的内容 …………………… 41
　　第三节　高校足球运动实验教学模式的指标 …………………… 42

第四章　高校足球运动实验理论 ……………………………………… 73
　　第一节　足球运动实验的目的与方法 …………………………… 73
　　第二节　足球运动实验研究的实验设计 ………………………… 78
　　第三节　实验数据的分析与报告的撰写 ………………………… 81
　　第四节　足球运动实验常用仪器及技术 ………………………… 88

第五章　高校足球运动的基础实验 ·············· 101
第一节　人体形态测量 ·············· 101
第二节　心血管系统测量 ·············· 104
第三节　呼吸与气体代谢测量 ·············· 118
第四节　神经系统与感觉机能测量 ·············· 128
第五节　肌电与肌力测量 ·············· 137
第六节　血液与物质代谢测量 ·············· 143
第七节　血清酶与激素测量 ·············· 154

第六章　高校足球运动的综合实验 ·············· 165
第一节　代谢能力的测评 ·············· 165
第二节　运动负荷的测评 ·············· 172
第三节　运动生物力学测评 ·············· 178
第四节　运动性疲劳的测评 ·············· 189
第五节　心理状态的测评 ·············· 194
第六节　技、战术的测评 ·············· 208

第七章　足球设计性实验与拓展性实验 ·············· 210
第一节　足球设计性实验 ·············· 210
第二节　足球拓展性实验 ·············· 212

参考文献 ·············· 220

后记 ·············· 222

第一章 绪 论

第一节 高校体育"训学研"一体化模式

随着我国"健康中国""全民健身"战略的提出，社会急需既具有扎实的体育科学知识，又具有高水平实践技能和创新能力的复合型人才。显然，高校体育专业实验室担负着为社会培养这种复合型人才的责任[①]。在体育专业教学中，体育实验教学有利于锻炼学生的实践能力，提高学生的创新能力，实验教学应努力实现学生通过实验教学深化对理论知识的理解，提高实验研究能力的目标。在此，笔者提出建立"训学研"一体化的高校体育实验教学模式，优化我国的体育实验教学实践。

一、"训学研"一体化体育实验教学模式建设定位

分析当前我国体育事业发展的需要，围绕国家实验教学示范中心建设目标[②]，笔者认为，一要实现体育专业实验室整合；二要实现实验教学团队建设；三要实现实验教学社会服务。实现体育专业实验室整合指的是整合体育专业的相关实验室，将实验室体系打造为"训练—教学—科研"一体化的教学平台，将学校和社会力量整合起来，共同培养出高素质的体育人才；实现实验教学团队建设指的是

---

① 冯英忠，卢泽楷，李志光. 地方高校实验室建设与创新人才培养的研究和实践——以广州大学为例[J]. 实验技术与管理，2012，29(11)：26-28.
② 教育部. 教育部关于全面提高高等教育质量的若干意见[Z]. 教高[2012]4号.

专门开展实验教学队伍的培训，整合体育部门、体育科研机构、体育产业企业的人力资源投入到实验教学中；实现实验教学社会服务指的是使高校的体育实验教学为体育事业发展和社会群众服务。

二、"训学研"一体化体育实验教学模式的构建

（一）教学管理模式架构

笔者认为，可将"训学研"一体化体育实验教学设定为学校独立构建的实验教学模式。模式应涵盖体质测评、运动机能测评、运动技战术诊断、体育心理、体育康复、体育赛事、体育传媒、体育外语等板块。模式由学校教学体系管理，实验室人员、设备、经费可由体育专业院系专门管理。

模式的整体规划、建设、运行和管理应由体育院系主任全面负责；模式执行主任负责各个实验室教学任务的运行和管理；实验室的管理需按需设立实验室人员的岗位。应把系主任、模式执行主任和实验室人员的岗位职责明确下来，确保实验教学模式的顺利运行，提升实验教学的整体质量。

（二）校内外管理运行模式

"训学研"一体化体育实验教学模式应实现资源共享，实验室可向校内、校外开放。体育实验教学模式中，不仅要使相关资源满足本科生实验课的需要，还要使其满足大学生毕业设计、课题研究、信息资讯、文化交流等需要。可通过打造实验教学资源的网络共享平台，建立实验教学开放管理系统，实行实验助教制度等途径实现。

三、"训学研"一体化实验教学平台建设

（一）优化实验课程体系

建设"训学研"一体化实验教学平台，要将训练、教学和科研结合在一起，因此要理清实验教学和理论教学之间的关系，充分肯定实验课程的独立性，使实验教学既起到深化理论教学的作用，又起到指导训练和科研的作用。对此，应形成校内实验教学与校外社会服务相结合的多层次实验课程体系。

（二）加强实验教学内容关联

应避免将不同的实验课程割裂开来，加强实验教学内容的关联性，完善实验项目体系，注意调整基础型、综合设计型和创新型实验教学内容的比例。不同层次试验项目采用不同的教学方法，为学生提供多元化的体育实验项目，从而为学生打造一个广阔的提高实践创新能力的平台。

（三）教学、科研与社会服务相结合

实验教学应注重培养学生的科研意识，应为学生提供充分的创新实验项目，从而使学生在实验学习中体验到体育专业科学研究的过程。

引导学生围绕竞技体育、体育产业发展、市民体质健康、体育文化传播等内容提出研究课题，使实验教学对体育事业的发展发挥积极作用。有条件的学校应鼓励学生到一线开展体育科学研究，从而加强学生将体育专业知识转化为实际应用的能力。

（四）建立多元化的实验教学考核方法

不同类型实验课的考核方法应有所区别，针对实验项目层次选择相应的考核方法。

第二节 高校足球运动实验教学概述

足球运动专业是实践性、实用性很强的体育科学。体育教育实践表明，足球专业的理论教学和实验教学是不可分割的两部分。足球运动实验教学在足球运动专业教学中占据着重要地位，毫无疑问，足球运动实验课程是足球专业学生的必修课。

一、足球运动实验课程的性质、研究内容和任务

足球运动实验课程是在足球专业理论和技术基础上，围绕足球运动表现规律进行研究，按照理论、实践发展的需要，通过客观数据资料的采集观察指标数据的规律，从而为科学安排足球运动的内容、时间、负荷、技战术设计等提供客观依据的应用课程。

二、足球运动实验课程的研究内容

根据足球运动实践中应用目的的不同,对各种指标的测量方法进行设计,并对有关指标进行控制,从而观察足球运动指标的分布和变化规律,这就是足球运动实验课程的研究内容。从狭义的角度说,足球运动实验是借助专门的仪器设备,直接观察足球运动过程中各指标变化规律的科学。但是,由于受实验技术和条件的限制,许多指标在活体无损害状态下很难测试。为了观察足球运动对机体的影响,就需要建立动物模型。因此,广义的足球运动实验还包括动物实验,这对培养研究生的科研能力是十分重要的。

三、足球运动实验课程的任务

足球运动实验课程的首要任务是建立包含足球专业理论和技术的方法学科体系,并用体育实验学的基本理论和技能引导足球运动专业学生开展科研实践,从而使学生形成科研意识,培养学生实践、创新能力,成为足球事业发展所需要的应用型、复合型人才。

第二章 高校足球运动实验教学的基础理论

第一节 高校足球运动实验教学的价值取向

高校足球运动实验教学的质量受制于教师对足球运动实验教育价值的理解与选择。足球运动实验在体育专业教学中的教育价值体现在四个层面：第一，它把足球运动实验本身看作足球运动实验教学的内容，注重教授与足球运动实验相关的知识与技能。第二，足球运动实验本身并不是科学实验的首要目标，而是作为教学手段或学习媒介发挥教育作用的。也就是说，通过足球运动实验实施专业教学。第三，足球运动实验强调的是教学的场所，也就是说足球运动实验教学应当在足球运动实验室中进行，让大学生通过"做实验"体验科学研究过程，以达到实验教学目标。第四，它强调培养足球运动实验专业人才，引导足球运动专业学生立志从事科研工作的职业意识。全面理解足球运动实验的价值观与教学观的四层基本内涵，对足球运动专业教师正确地认识和有效实施足球运动实验具有指导性作用。

一、足球运动实验作为教学内容

（一）"足球运动实验作为教学内容"的含义

1）足球运动实验是足球运动专业课程内容的重要组成部分，是作为足球运动专业教学内容或学习内容出现在教科书或课堂教学之中的。

2）足球运动实验不仅是教学内容，本身也是学生的学习对象。

3）作为学习内容的足球运动实验，具体内容包括：足球运动实验知识，足球运动实验基本操作（技能），足球运动实验过程（步骤），足球运动实验方法（科学方法），足球运动实验规范（规则），足球运动实验态度与习惯。

（二）足球运动实验分类

如前所述，作为学习内容的实验，可进一步细化为如下六个层面。

1）足球运动实验知识。

2）足球运动实验基本操作（技能）。

3）足球运动实验过程（步骤）。

4）足球运动实验方法（科学方法）。

5）足球运动实验规范（规则）。

6）足球运动实验态度与习惯。

二、足球运动实验作为教学手段

（一）"足球运动实验作为教学手段"的含义

在这里，足球运动实验本身最主要的不仅是专业教学内容，还是达成专业教学目标的手段与媒介。作为手段的足球运动实验包括两层基本含义：足球运动实验是学生学习足球运动专业知识的手段，是教师教授足球运动专业知识的手段。

第一，作为学生学习足球运动专业知识手段的足球运动实验，主要体现了足球运动实验的认识论功能（形成科研认识）和方法论功能（学习与掌握科研方法）。足球运动实验的认识论功能包括：①足球运动实验是提出足球运动专业教学认识问题的重要途径之一。②足球运动实验为学生认识足球运动专业知识提供了足球运动实验事实。③足球运动实验为学生验证足球运动专业理论、检验假说提供了足球运动实验事实。足球运动实验的方法论功能集中体现在足球运动实验是学生学习观察、测定、条件控制、记录、数据处理等科研方法的最有效手段。

第二，作为教师教授足球运动专业知识手段的足球运动实验，其教学论功能具体体现在四点：①引发学生学习动机与兴趣。②实施研究学习，转变学生学习方式。③学习科学研究的方法，培养科学研究能力与态度。④促进情感态度与价值观目标的落实。

（二）基于不同足球运动专业课程目标的足球运动实验分类

足球运动实验内容不同，对足球运动专业教学目标的贡献率也不同。依据足球运动专业教学目标，足球运动实验可以划分为如下几类。

1）达成足球运动专业知识目标的足球运动实验。例如，身体成分及骨密度测量实验，两点辨别阈测定实验等。

2）达成足球运动专业技能目标的足球运动实验。例如，磷酸原供能能力的评定实验，有氧代谢能力的评定实验等。

3）达成科研过程与方法目标的足球运动实验。例如，运动负荷的综合评价实验，通过对心血管系统及代谢指标的测定判断疲劳的实验等。

4）达成科研情感、态度、价值观目标的足球运动实验。例如，综合运用足球运动专业知识和实验技能的设计实验等。

三、足球运动实验作为教学环境

（一）"足球运动实验作为教学环境"的含义

在这里，足球运动实验是指足球运动专业学生学习活动的场所或场景，或者说，学生通过体验"做"实验的过程来达成科研能力培养目标。它强调的是，要让学生亲自体验足球运动实验过程，而不是教师教授足球运动实验过程。或者说，足球运动实验的真正主体是学生，而不是教师。这样，此时的足球运动实验主要是指学生在实验课的实验，而不是教师的课堂演示实验，其基本特征集中体现在科研课题的研究上。也可以说，在足球运动实验中进行教学的基本特征与科学研究是一致的，即基于实验的研究活动，针对问题的学习活动，想象和逻辑的结合，注重科学证据，融合了足球运动实验知识、技能、过程与方法等诸多科学要素。

（二）足球运动实验研究能力的基本要素及其有效养成

足球运动实验研究能力的基本要素包括：提出问题能力、提出假设能力、实验设计能力、收集实验数据能力、验证假设与解释数据能力、理论抽象能力、反思与评价能力和表达与交流能力等。

关于足球运动实验研究能力的有效养成，教师应当做到以下几点：第一，转变足球运动实验教学观念与学生学习观念，树立以培养足球运动实验研究能力为宗旨的足球运动实验教学理念与学习理念，这是培养学生足球运动实验研究能力的认识基础。第二，树立"做科研"的足球运动实验教学观。研究性足球运动实验是培养与提高学生足球运动实验研究能力的主渠道，只有让学生体验足球运动实验的研究过程，通过学生"做科研"而不是"死记硬背"，才能逐步培养与提高学生的足球运动实验研究能力。第三，教师要为学生开展研究、体验与实验活动创造必要的条件。例如，提供适当的研究性课题，给予足够的研究时间，提供适合研究的实验空间与条件，提供适当的指导，提供研究所需的必要信息与资源等。

四、足球运动实验作为教学目标

（一）"足球运动实验作为教学目标"的含义

通常，足球运动实验是作为学生学习和教师教学的手段和目标。与此不同，在足球运动实验作为教学目标的过程中，足球运动实验成为足球运动专业教学活动的目的。具体地说，在足球运动实验教学中，教师的教和学生的学有一个共同的目标，那就是开展足球运动实验研究。为此，足球运动实验特别强调与追求足球运动实验的专业性与规范性。如今，足球运动实验教学在实践中很少有意识地与科研职业意识教育有效地联系起来。

（二）足球运动实验教学与专业科研人才养成

一般认为，足球运动实验教学是实现足球运动专业教学总目标（发展学生科研能力）重要而有效的手段。具体来说，它包括以下四层含义：①足球运动实验教学是掌握足球运动实验事实知识、足球运动实验仪器与药品知识、足球运动实验安全知识等足球运动实验知识的重要手段。②足球运动实验教学是学生形成与掌握实验基本操作、足球运动实验仪器与药品的选用以及综合足球运动实验技能的有效手段。③足球运动实验教学是学生形成与发展提出问题、提出假设、实验设计、实验条件控制、搜集证据、解释数据与得出结论、反思与评价，以及表达与交流等足球运动实验研究能力的有效手段。④足球运动实验教学是学生体验与养成对足球运动的好奇心、实事求是的科学态度、喜爱足球运动研究的情感、尊重科学的品质、合理的科研观念等的有效手段。

事实上，不仅如此，足球运动实验也是培养专业科研人才的最佳手段。足球运动实验的教育价值不仅局限于学生科研能力的养成，同时对培养学生科研职业意识与态度的养成也具有极其重要的价值。在我国体育专业教育教学中，通过实验教学，渗透与专业相关的职业意识教育，一直没有引起广大高等体育教育工作者的高度重视。

第二节　足球运动实验观及其养成

一、理论思维在足球运动实验中的作用

足球运动实验作为一种能动的实践活动形式，是科学理论产生的源泉和检验的标准。同时，足球运动实验本身也需要一定的科学理论指导。没有足球运动实验做基础，科学理论将成为无源之水、无本之木；但忽视理论思维的指导作用，足球运动实验则会因盲目性而失去正确方向。因此，充分认识理论思维对足球运动实验的重要作用，对树立正确的足球运动实验观十分重要。

（一）理论思维的含义

这里所说的理论思维，概括起来有三种含义。其一，哲学思维，即世界观和方法论。足球运动实验的直接目的是解决一定的科学研究任务，其产生的结果使人们获得了对实验对象的认识，或者检验了某种假说、理论，所以，必然要受到一定的哲学思想的影响和支配。其二，自然科学理论、假说乃至想象和联想。足球运动实验作为科学研究的一种实践和手段，与科学理论、假说存在着密切联系，离不开它们的指导和运用。同时，作为一种创造性的活动，足球运动实验也离不开想象和联想。其三，逻辑思维。在足球运动实验的过程中，离不开比较、分类、类比以及归纳和演绎等逻辑思维。

（二）理论思维在足球运动实验中的作用

从认识论和方法论的角度对足球运动实验进行分析，不难看出，其不但是一

种感性活动过程，更是一种理论思维活动过程，本质上是理论思维的物化。因此，不但要将足球运动实验当作感性活动来把握，更要将其当作理论思维活动来把握。只有这样，才能避免将足球运动实验简单地认为是与理论思维无关的纯粹的感觉和知觉行为；才能真正认识到，对于从事足球运动实验的人（无论是科研人员还是大学生），无论其认识处于何种水平，在从事足球运动实验的过程中，都是感性和理性的统一，都离不开理论思维。而理论思维的作用发挥得如何，则成为实验成功的关键所在。足球运动实验中理论思维的作用首先体现在实验前的周密思考和精心设计上，以确保实验的方向和目的的正确性。其次表现为实验过程中对观察、操作等环节的影响与指导，以确保这些环节的准确性。最后是在实验结果的处理中起保障作用，以避免对实验结果的解释流于片面甚至是谬误。

二、足球运动实验过程中的理论思维

任何类型的足球运动实验，其全过程都可以分为实验的准备、实验的实施和实验的结果发现与处理三个阶段，下面我们就对这三个阶段的科学理论思维进行具体的分析。

（一）足球运动实验准备阶段的理论思维

足球运动实验准备阶段主要有三项任务，即选择实验课题，确定实验目的；明确指导理论，完成实验设计；准备实验仪器设备与用品。因此，这一阶段的理论思维就是紧紧围绕这三项任务展开的。

在选择实验课题、确定实验目的时的理论思维，首先是遵循有效性、可实现性和最优化原则，从科研（实验）问题中选题。因为并不是所有的科研（实验）问题都可以成为现实的足球运动实验课题，必须经过认真分析和思考，确定符合上述三条原则才能入选。足球运动实验课题的选择对其是否能成功具有决定性意义，选题不当往往成为导致研究失败的主要原因之一。因此，应以一定的背景知识为基础，运用理论思维，发现和提出具有研究前景的题目。其次是在确定选题之后，应进一步明确此项足球运动实验要达到什么目的。实验目的是足球运动实验的灵魂，是调节和控制科学实验主体的内在因素，它关系到足球运动实验能否顺利进行。足球运动实验目的作为实验主体头脑中期盼达到的一种理想，是实验主体进行实验活动的直接动机,能促使足球运动实验主体在实验活动中产生一种为理想而拼搏的强烈意志和情感,从而使实验主体的主观能动性得到极致发挥。但是,确定足球运动实验目的是一个理论的逻辑演绎过程,也就是说,只有充分发挥理论思维的作用才能明确实验的目的。

明确指导理论、完成实验设计过程中的理论思维,首要问题是弄清楚指导足球运动实验的理论。因为,指导理论是将足球运动实验目的与实验设计联系起来的中间媒介。明确了指导理论,足球运动实验设计就有了根据和方向,实验者就可以根据这种理论来确定采用什么方法和手段,通过哪些实验步骤去实现已确定的足球运动实验目的。同时还可以根据这些指导理论进一步进行逻辑推理,预测未来实验中可能遇到的困难,并事先设计好克服这些困难的办法和方案;也可以估计可能取得的实验结果等。这也进一步说明,完成实验设计更需要理论思维。这种理论思维首先表现为对该项足球运动实验所涉及的科学原理要有较为全面、深入的了解和认识,要尽可能估计到实验在什么样的条件下进行,可能产生怎样的实验结果,从而确保实验朝着实现足球运动实验目的的方向发展。其次是依据指导理论预选实验方法和手段,确定实验操作的程序和步骤,在思想中进行"实验",即通过理论思维使实验过程中的每一个环节、每一项操作都成为有目的、有计划的具体活动,进而构成一个有序的联系整体。最后,实验主体还要通过理论思维,对自身的足球运动专业知识基础和理论水平、实验操作能力以及对现代化测量技术的掌握等情况做出全面、切合实际的评价,充分估计是否有能力胜任该实验研究。

实验仪器设备与用品的准备并不是单纯的物质活动,也需要理论思维做指导。因为,从本质上说,足球运动实验仪器设备是理论和理性方法的物化,它不仅含有大量的自然科学性知识,还包含着诸如分析和综合、归纳和演绎、抽象和概括、比较和类比等逻辑思维方法。换言之,足球运动实验仪器设备就是运动理论和理性方法外化而形成的物化形态。即使是最简单的实验仪器装置(试管、心血管功能测试仪器、神经感官测试仪器等)的使用也蕴含着一定的理论和逻辑思维方法。另外,多数足球运动实验都是利用前人提供的、已有的实验仪器设备,因此对于实验者而言,对实验仪器装置的选择和组合都需要有相应的理论知识储备。特别是那些结构复杂的现代化、自动化的仪器设备以及大型测量仪器系统,除了应该了解其性能和使用方法外，还应对它的基本结构、改造原理、使用时的注意事项等从理论上有一定的了解，这也表现为理论思维的作用。

（二）足球运动实验实施阶段的理论思维

足球运动实验实施阶段的理论思维，主要体现在实验过程中的科学观察和具体操作上。或者说，在足球运动实验实施过程中，足球运动实验主体利用理论思维，通过实验观察和实验操作两大途径来实施足球运动实验。

毋庸置疑，足球运动实验中的观察，不是简单的消极观看，而是一种积极的思维过程。这种思维过程首先体现为足球运动实验观察中的知觉定势。足球运动实验的知觉，是在实验主体同客体相互作用中获得的感觉信息的基础上形成的，是依赖大脑皮质一系列技能结构的协同活动而产生的。它是通过思维活动，对感觉信息进行组织和秩序化。知觉定势是整理、组织感觉信息或感觉材料，完成一个知觉过程的准备状态，对知觉的形成有重要影响。要提高知觉的敏锐性，就要依赖知觉定势。这就是说，如果足球运动实验主体对实验对象和内容有较充足的知识储备或经验准备（即具有较正确的知觉定势），他就能通过观察在较短的时间内形成对该实验的整体知觉。反之，如果缺乏最起码的知识准备或经验准备（即知觉定势不完备），其整体知觉的形成就很缓慢甚至无法形成。其次表现为对足球运动实验观察的陈述。在足球运动实验中，通过观察获得的知觉信息需要用科学的观察语言表述出来，而这些观察语言是与特定的科学理论相联系的。正是这些科学理论形成了观察时的理论框架，离开了这个框架就无法进行观察陈述。也就是说，观察陈述是否精准，除了取决于实验观察本身是否精确外，还取决于使用的科学术语、符号以及陈述结构是否精确，而后者恰好是理论思维水平的体现。

足球运动实验实施中的实验操作与实验观察一样，离不开相应的理论指导，即理论思维。众所周知，足球运动实验操作活动并不是任意的，也不是实验者先天具有的，它是经过学习和练习后发展和形成的。而这些操作活动（做什么和怎么做）又都是以一定理论知识做基础的，是受实验者意识支配和调节并服从于一定的实验目的和实验任务的。也就是说，在足球运动实验的操作过程中，实验者不仅需要知道做什么和怎么做，更要思考为什么这么做，即需要把实验操作、实验观察和理性思维三者有机地结合起来，统一于足球运动实验的全过程中。

结合实验因素选择操作方法也是这一阶段重要理论思维的体现。在足球运动实验过程中，实验操作方法的选用不是随意的，而是必须以实验操作方法的基本原理、实验仪器的性能和功能、实验对象的特性等方面的理论知识为基础，在对各种有关因素做出全面、具体分析之后才能确定。也就是说，足球运动实验操作方法的选择同样需要理论思维。此外，足球运动实验操作技能也包含着理论思维。心理学认为，实验操作技能离不开实验心智，而实验心智是指在实验过程中，实验主体把许多必要的感知、记忆、想象和思维等环节，按一定的程序组合起来时所进行的心理活动。这显然也是一种理论思维。

（三）足球运动实验结果发现与处理阶段的理论思维

足球运动实验结果在通常情况下有三层含义。其一是指实验所得到的物质产物，它是物质的。其二是指通过实验观察测量得到的各种原始资料，包括实验现象、事实、过程和数据，即所谓的个别、具体的实验事实。其三是指对上述原始资料进行初步加工整理后得到的初步结论。这里主要指第二层含义，即对各种原始资料的处理阶段。这种处理一般主要指对实验结果的分析处理和解释两个方面。

足球运动实验结果的分析处理实质上就是运用比较、分析、综合、抽象、概括和归纳等思维方法，对实验中获得的感性材料进行整理和纯化的过程。这种处理无论采用什么方法方式，都需要经过一系列复杂的思维活动方式才能得到正确的处理结果。在进行理论思维时应注意以下问题。第一，对足球运动实验事实进行归纳时要持慎重态度。归纳是从个别的前提推出一般性的结论，即归纳法，是从个别的（或特殊的）对象中，概括出一般性、规律性结果的方法，在用于认识物质的经验规律时是有效的。但是，其推出结论的知识有时超出了前提范围，因此其结论具有或然性，可能是真实的，也可能是虚假的。第二，要把足球运动实验结果与分析处理后得到的结论或对实验结果的解释区别开来。实验结果即实验者得到的第一手资料，它是进行归纳概括的前提或依据，而分析处理后得到的结论是对多种实验事实，经过一系列复杂的理论思维后得出的结果，二者具有本质的区别，是不能混淆的。第三，应重视对足球运动实验中出现的意外事实的分析处理。在科学发展史上，因意外实验事实带来的偶然发现的实例不胜枚举。科学认识论将其称为"认识活动中的机遇"，它常常成为新的科学理论的引发点。发现意外事实、捕捉机遇，需要观察力的灵敏性，而这种灵敏性不是天生的，要靠知识、经验以及以此为基础的细心观察和积极思考，也就是所谓的理论思维。

对足球运动实验结果的解释，通常是采用理论演绎的方式进行。为了避免解释上出现错误，首先不要根据不完善的理论或在没有充分证据的情况下，随意做出表面上似乎合理的解释。其次是要正确地运用推理，虽然推理在对实验结果的处理上起着重要作用，但是，若没有搞清楚前提条件而滥用推理，则会导致解释的谬误。往往表现在将个别不具代表性的对象得出的结论错误地推广到其他对象上，或是把由部分对象得到的结论，不加分析盲目地推广到整体。另外还要防止因思想上的片面性造成的谬误。足球运动实验中产生的每一种现象都可能是由许多因素决定的。因此，不能只注意其中的某一因素，而忽略了其他因素带来的综合性、整体性的影响。

三、足球运动实验观的内涵

足球运动实验观是足球运动专业教师实验教学素养的重要核心理念，正确的足球运动实验观的养成，对提高足球运动专业教师的教学能力具有十分重要的意义。对于从事基础教育教学的足球运动专业教师而言，其应具备的足球运动实验观的内涵，主要包括正确认识足球运动实验的本质和树立以实验为基础的足球运动实验理念两个方面。

（一）正确认识足球运动实验的本质

首先，足球运动实验作为一种科学实践活动，是一种有目的、有步骤的通过控制现象来认识自然事物和规律的感性活动。因此，其本质特征表现为如下几点。

（1）目的性

足球运动实验是以认识足球运动为直接目的的。目的性是各种实践具有的共同特征，作为科学实践的足球运动实验的目的，是通过控制或干预变量来获得各种有关足球运动的事物和现象的科学认识，进而更有效地认识足球运动。因此，任何一项足球运动实验都必须有明确的实验目的。它或是寻找某一现象的原因，或是了解某一事物的属性，或是验证某一假设是否成立等。也就是说，在实践中，人们必须按照足球运动实验的目的来进行足球运动实验。

（2）科研性

足球运动实验是一种科研活动。足球运动实验始于科研课题，即人们还没有认识但又应该和需要进行认识的问题。研究课题的提出，意味着人们对新知识的追求；研究课题的解决，需要付出艰苦的劳动，进行无数次大胆而又细心的尝试与探索。科研性是足球运动实验中人的主观能动性的高度表现。

（3）现实性与感知性

这一点既表现在足球运动实验的三大要素，即实验主体、实验客体和实验媒介（工具）上，也表现在足球运动实验的过程中。换言之，足球运动实验与理性思辨思维截然不同的标志，就是其活生生的现实性和情切切的感知性。

另外，足球运动实验还是一种科学认识活动，其中包含着一系列的实验方法，是科学认识感性阶段的一种重要认识方法。所以，足球运动实验是科学实践的一种重要表现形式，或者说是运用实验方法来认识足球运动的有关事物和现象的一种科学实践活动。关于实验方法在科学认识中产生、形成和发展的理论，我们称之为"实验方法论"，属于科学认识论，是科学认识的重要组成部分。它包含实验方法的发展史，实验方法在科学认识中的性质、地位和作用，实验的构成要素及其结构和功能，实验实施的一般程序和所运用的一些具体的科学方法，实验方法与足球运动实验、科学理论以及与其他科学方法的辩证关系等。

综上所述，树立正确的足球运动实验观不仅是要深刻理解足球运动实验的实践意义，更应深刻理解其作为认识活动而产生和包含的方法论意义。只有这样，才能真正在足球运动专业教育教学的实践中发挥足球运动实验对培养学生的重要作用。

（二）以实验为基础的足球运动实验理念

对于以实验为基础的足球运动实验理念的内涵，有两种诠释。其一，所谓的以实验为基础，就是对足球运动专业知识的认识、理解及巩固，都应力争通过足球运动实验来完成。这显然是突出强调了足球运动实验的实践活动特点。这种理解固然必要，但却没有真正体现出足球运动实验的认识活动的特点，即没有彰显足球运动实验的研究性，更没有关注实验事实和运动学史实对认识理论知识的基础作用。其二，以实验为基础的实验具有四重含义，即足球运动实验应是一种研究性实践活动，足球运动实验应以实验方法论为基础和依据，足球运动实验也包括已有的实验事实，足球运动实验还包括以往的典型足球运动实验史实。我们认为，只有后一种内涵诠释才是足球运动专业教师在教学实践中必备的足球运动实验观。

四、足球运动实验观的养成

既然正确的足球运动实验观意义如此重大，那么，其养成就势必成为足球运动专业教师实验教学素质提高的必要基础。在一线教育教学工作实践中，足球运动专业教师应从以下三方面来促进个人的足球运动实验观的养成。

（一）重视运动学和足球发展史的学习

运动学和足球运动发展的历史，是建立在诸多生动的运动实验和足球发展重大事件的基础之上的，更是足球运动实验方法论建立和发展的历史。了解、熟悉运动学和足球运动发展史，有利于对实验方法在运动学和足球运动发展中产生、形成和发展过程的了解，从而更加深刻地理解实验方法在足球运动认识中的性质、地位和作用；有利于把握足球运动实验的构成要素及其结构和功能，掌握实验实施的一般程序和所运用的一些具体的科学方法，恰当地处理好实验方法与足球运动实验、科学理论以及与其他科学方法的辩证关系。进而正确理解足球运动专业知识，从发展的高度把握知识，形成良好的足球运动实验素养。

（二）强化以实验为基础的教育教学观

所谓以实验为基础的教育教学观，就是在以实验为基础的足球运动实验理念指导下，坚持实验是实现足球运动专业教育教学目的的重要且有效的途径和方法，应贯穿于整个足球运动专业教学的始终。它主张学生是实验的能动参加者，只有学生亲身积极、能动地参与，才能确保足球运动专业教学的有效实施和教学目的的真正实现；强调实验是一种研究活动，已不仅仅是一种为学生提供感性认识的直观手段，更是激发学生学习兴趣，帮助其掌握足球运动专业知识、实验技能和科学方法，培养其解决研究课题的能力和态度的一种非常重要而有效的途径和方法。

(三) 在教学中创造性地运用足球运动实验

在足球运动专业教学中创造性地运用足球运动实验概括起来应从以下几方面做起。

一是利用足球运动实验优化知识的意义构建。建构主义理论认为，学习是学生自己建构知识经验的过程，是通过新信息与学生原有知识经验的相互作用而实现的。教学不仅要将信息适当地呈现给学生，而且要善于激发学生原有的相关知识经验，促进新、旧知识经验的相互作用，使新知识在原有经验的基础上建构起来。实验在学生知识的建构过程中所起的作用常常是多维的，而且是事半功倍的。

二是利用足球运动实验强化知识与实际训练的联系。"训学研"一体化视域下，足球运动实验教学应走进足球训练，拉近教学与实际训练之间的距离，这是当前足球运动专业教学改革的趋势，也是我国足球发展的目标之一。足球运动专业教学中的许多实验都可以与实际训练相联系。

三是利用足球运动实验培养学生的研究能力。足球运动实验教学要求教学过程中应注重研究。虽然研究不一定必须做实验，但教学中许多研究活动都需要通过实验来实现却是毋庸置疑的。

四是利用足球运动实验激发学生的好奇心和求知欲。足球运动实验教学的重要目标之一是激发学生的好奇心和求知欲。兴趣是人类认识客观事物的一种心理表现，是获得知识、开阔视野、推动学习的强劲内部驱动力。在足球运动专业教学过程中，学生若能形成热爱足球的情感和志趣，既能极大地调动其学习的内在动机，又为其未来投身足球发展事业奠定坚实的基础。而足球运动实验恰恰因其生动形象的特点，成为产生这一效应不可替代的重要途径。同时，足球运动实验的目的性和可操作性不仅可以满足学生的操作欲望，更能培养学生的研究兴趣。另外，足球运动实验还能通过技术教育，培养学生对技术的好奇心，激发他们进行技术创造的内心冲动，在学习技术设计和技术创造方法并进行简单的技术设计过程中，培养创新能力。

总之，正确的足球运动实验观是在足球运动专业教学的实践中不断地养成并完善的，与此同时，这种养成和完善的足球运动实验观又反过来进一步指导和提高足球运动专业教学工作的实践。

第三节　高校足球运动实验教学的组织

一、足球运动实验教学的目标

（一）知识与技能

1）让学生在实验过程中理解并掌握足球运动的概念和规律，形成基本观念，获得足球运动实验的基础知识。

2）让学生掌握足球运动实验的基本技能，会使用足球运动实验仪器，并能设计完成一些实验。

3）让学生学习足球运动实验研究方法，重视科学与实际训练的联系，运用有关知识、技能和方法解释现象，分析并解决足球训练中的实际问题。

（二）过程与方法

1）经历课题研究过程，进一步理解课题研究的意义，学习课题研究的基本方法，提高科学研究能力。

2）运用观察、实验、查阅资料等多种手段获取信息，运用比较、分类、归纳、概括等方法对信息进行加工。

3）具有较强的问题意识，能够发现和提出有研究价值的研究课题，敢于质疑，勤于思索，逐步形成独立思考的能力，善于与人合作，具有团队精神。

（三）情感态度与价值观

1）激发学生学习兴趣和学习动机，体验课题研究精神，感受科研的魅力。

2）认识课题研究的价值，有课题研究与实际运用密不可分的意识，从课题研究中学习求实、创新、勇于探索的科学精神和态度。

二、足球运动实验教学的原则

实验教学是教学活动的一部分，因此也应该遵循一般教学原则，如科学性与思想性统一原则、直观性原则、理论联系实际原则、循序渐进性原则等。因为足球运动实验的特殊性，应该还有一些其他教学原则，如科学性原则、启发学生原则、示范与练习相结合原则、创新性原则、安全性原则等。

1. 科学性原则

实验教学必须遵从科学性原则。所谓科学性原则，是指教师在实验教学中实验目的要明确，实验原理要正确，实验材料选择要适合，实验方法要恰当，仪器操作要规范，实验设计要周密，记录数据要真实，现象描述要准确，解释要全面，实验评价要客观。教学环节严格、有序、连贯地组合在一起，灵活、科学地实施实验教学活动。

2. 启发学生原则

根据实验教学目标可知，在实验教学中教师应注重启发学生的思维，灵活安排实验内容，使学生在实验过程中认真操作、积极思考。让学生不但掌握了基础知识和实验技能，同时还促进了学生思维的发展。教师启发学生发现问题、提出问题、深入研究、解决问题、得出结论，让学生将已有经验与新知识建立联系，使其对事物有更完整、真实的认识，形成更加完善的知识体系。

3. 示范与练习相结合原则

身教重于言教，实验操作时教师的示范对学生的学习有着重要的影响。无论是处理实验材料、操作实验仪器、分析处理数据，还是描述实验现象，教师的动作示范和语言描述必须严谨、规范。这样，学生在模仿时才会正确，经过多次反复的练习习得规范的技能。教师的示范与学生的练习相结合可促进学生巩固知识、掌握技能。

4. 创新性原则

高等教育要求培养学生的创新思维，开发其创造力，而在足球运动实验教学中教师也要具有创新精神。只有教师创新地教，学生才能创新地学，即教师无论运用何种教学方式，都要采用新的方法，如启发式方法、讨论法、竞赛法等。教师还要变换教学方法，使课堂活跃而又高效，将实验的优势体现出来，同时激发学生的创新意识，促进学生的发展。当然，教师在创新的同时要注意把握课堂的局面，不要只顾创新而忽视了课堂的有效性。

5. 安全性原则

相对于其他教学形式而言，实验教学存在着一定的危险，如不小心，可能会对人体造成伤害。所以，在实验教学中教师要选择适当的方式进行实验教学。教师要在课前做好充分的准备，并对学生做好安全教育工作，确保实验安全。在实验过程中师生要严谨操作，确保实验安全、顺利地完成。

三、足球运动实验教学的技能

一堂优秀的实验课，是教师综合利用足球运动实验教学技能的结果。而足球运动实验教学技能包括两大部分：实验基本技能和实验教学技能。它们是实验教学顺利实施的保障，所以合格的足球运动实验教师必须具备这些技能。

（一）足球运动实验基本技能

1. 观察技能

观察技能是足球运动实验中最常用的一项技能，也是教师必须掌握的技能之一。观察技能指有目的、有计划地通过感觉器官感觉客观事物，对客观事物和现象进行比较、分析的一种实验技能。具体内容包括有目的地观察实验现象和过程，具有鉴别事物的能力，识读和使用仪器、装置以及科学图表的能力等。观察技能不仅是一种感知技能，还是伴随着思维技能的一种心智技能。例如，显微镜观察实验就要求教师具有较强的观察技能。

2. 实验操作技能

实验操作技能是指使用仪器设备完成实验任务的技能。实验操作的规范是做好足球运动实验的前提，培养学生的实验操作技能是足球运动实验教学的主要目标之一，所以教师必须正确掌握实验操作技能。足球运动实验操作技能包括认识实验仪器的性能和用途，正确使用实验仪器，装配实验仪器等。在实验教学中，教师必须对实验仪器的基本知识有透彻的认识，操作严谨规范，合理装配实验装置。例如，通过生物电测定判断疲劳的实验，教师不但要熟悉实验装置，还要了解实验装置中每一步骤的作用等。

3. 分析和处理数据技能

分析和处理数据技能，"即正确记录测量结果，并对数据进行分析、处理，从而得出正确结论的技能"[①]。主要包括对实验数据的记录和处理能力、对数据的

---

① 蔡铁权，臧文彧，姜旭英. 足球运动实验教学与研究[M]. 上海：华东师范大学出版社，2008：26.

误差分析能力。

在实验过程中，对实验数据的处理和分析是为了揭示事物之间的关系。分析和处理数据是实验过程中的重要步骤，可以培养学生的分析能力。教师在实验教学中应注意实验记录的严谨性，实验过程中的各种测量数据和现象应及时、清楚、准确、真实地记录下来。教师还要注意测量实验数据的有效数字的位数和单位，如肺活量单位一般为 mL，最大通气量的单位为 L/min 等。记录时文字要工整简洁，便于后面的分析。这是得出正确结论的重要前提，因此实验数据的记录与处理至关重要。

在测量数据时，由于测量仪器和实验条件等多种因素的影响，测量结果与实际会存在一些差异。误差是不可避免的，但是我们可以通过改善来降低误差。这就要求教师分析误差产生的原因，找出更好的方法来改善测量仪器和实验条件，尽量减少误差。但是，教师一定要注意，不要把偏差和操作错误等同于误差。

4. 实验设计技能

足球运动实验设计技能是指根据问题确立实验目的，应用足球运动实验原理，选择适当的实验材料、仪器和药品，设计实验步骤去验证或研究实验结果的技能。实验技能是一种智力技能、思维技能，包括实验目的的制定，实验材料、仪器、药品的选择，实验步骤的设计，实验结论的得出，实验结果的分析讨论。在足球运动实验教学中，实验设计技能可以全面地培养学生的实验能力、思维能力，提高实验教学质量。教师在自身掌握实验设计技能的同时，更要注重对学生实验设计技能的培养。

（二）实验教学技能

教师在实验教学中应具备的技能与教学活动中所要求的导入技能、讲解技能、语言技能、提问技能、教学设计技能、板书技能等基本相同，只是在实验教学中更加注重教师的演示技能、教学评价技能、实验组织与管理技能和教学研究技能。

1. 实验教学设计技能

实验教学设计技能是教师所必备的技能之一。实验教学设计技能是教师为了达到教学目标，依据一定的实验课题、学生特征和实验条件，为促进学生的足球运动实验知识、技能的学习和发展，而设计出一系列教学程序所需的能力。实验教学设计技能是足球运动实验教学的关键。在对实验进行教学设计时，要遵循"学生为主体、教师为主导"的原则，在充分发挥学生主体作用的同时，不要忽略教师的指导作用。教学目标的制定要符合学生发展的目标。教学方法要创新，做到新旧结合，适合实验内容。教学过程逻辑性要强，适应学生的认知过程。

2. 演示实验技能

演示实验技能是指教师在实验教学时对学生亲自表演示范的能力。演示实验一般有现场演示和计算机多媒体辅助教学演示两种方式。

1）掌握现场演示的基本技能。教师在进行现场实验演示时，要有明确的目的，针对性要强，实验现象显效性强，一般来说实验装置简单便于操作，操作要规范，还要注意对实验时间的控制。演示实验设计要直观、有趣味性、有创意、安全，这样才能集中学生的注意力，达到实验效果，提高教学质量。例如，在学习运动负荷的内容时，用对神经系统的测定判断疲劳的实验引入，学生会很快融入课题研究的氛围中去，有利于课程的开展。

2）学会运用计算机多媒体辅助教学演示技能，发挥计算机多媒体辅助教学技术的优势。随着现代信息技术的发展，目前计算机多媒体辅助教学进行演示实验的教学方式已经被越来越多的教师利用。运用计算机多媒体辅助教学可以将抽象的内容直观、生动、形象地展现给学生。计算机多媒体辅助教学技术可以模拟实验过程，采用"放大""慢放""重放""定格"等方法帮助学生进行观察，加深学生的记忆。计算机多媒体辅助教学模拟可以代替难度大和危险的实验，既保证了学生的安全，又开阔了学生的视野，拓展了知识领域。运用计算机多媒体辅助教学进行演示，可以避免学生对知识理解不透彻，也激发了学生求知的欲望，还适当集中了学生的注意力，在实验教学上达到了良好的效果。

综上所述，演示实验技能在实验教学中有着举足轻重的作用，是其他技能无法替代的，也是教师必备的实验教学技能之一。

3. 实验教学评价技能

教学评价是教学活动中的一个重要组成部分，对教学过程其他环节有着重要作用。教学评价技能是按照实验教学目标，利用科学的方法对实验教学效果和学生学习情况进行判断，以做出更好的教学决策的一种技能。在实验教学中，它主要体现在教师对学生和自身教学评价的能力上。

1) 公平、公正地对学生的学习情况进行评价。对学生的评价有对学生实验技能的评价、对实验过程的评价和对实验结果以及科学素养的评价等。评价要秉承公平、公正的原则，采用多元化的评价方式，全面地对学生进行评价。

2) 客观地对自身教学效果进行评价。教师对自身教学的评价主要有实验目标的制订、实验步骤的设计、学生实验过程的指导等内容。教师对自身教学过程要做出客观、准确、有效的评价，有利于改善实验教学，提高实验教学质量。

教学评价技能还包括实验测评的命题技能和测评结果有效性分析技能。教学评价技能的掌握对学生和教师的发展有着重要意义。

4. 实验组织与管理技能

实验教学过程中，教师不断地组织、引导学生学习知识，管理实验纪律，建立和谐的实验环境，帮助学生达到设定的实验目标的能力，被称为实验组织与管理技能。教师的实验组织与管理技能是在对学生了解的基础上，对教学内容和实验的把握和管理。

1) 教师必须具有按照教学设计实施教学的能力。教学设计实施的能力、有效的实验组织会直接影响教师教学的效果。教师新颖别致的教学技能可以吸引学生注意，启发学生思维，使学生快速进入教学情境。在实施实验教学之前要做好充分的准备，对教学中预计情况做好应对措施，保证教学的顺利实施。

2) 教师必须具备实验管理的能力。轻松愉悦的实验环境也可调动学生学习的积极性，激发学生想象力，促进学生的发展。教师可以给学生一定的自由空间，但在尺度上的把握一定要到位，不要使轻松的实验气氛变成学生任意发言、随意动手操作、秩序混乱的教学环境。在实验管理上，教师要灵活利用管理技巧。

5. 教学研究技能

教学研究技能主要是教师讨论有关教学内容、教学方法、教学过程改革等问题的能力。教师有意识地加强自身教育研究的学习与训练，既有利于解决实际问题，又有助于教师的专业发展。在掌握其他技能的同时，对当前实验教学问题进行教学研究，促进实验教学的发展。

1) 掌握教学研究的基本方法。教学研究的基本方法包括教学研究的基本程序和方法，选择课题、制订教学研究计划的原则和方法，调查问卷、科学观察、行动研究、教育实验等教育应用研究的基本方法，对教学研究资料进行统计、撰写课题总结和研究论文的方法等。掌握教学研究的基本方法有助于教学研究工作的推进。

2）了解运动学与足球运动发展动态并善用科研成果的技能。了解运动学与足球运动发展的动态，以及相关学科新的科技成果及其应用，并根据学生实际情况，将先进的科研成果与实验内容相结合，改善实验教学。

3）信息检索技能。网络信息具有更新速度快、内容新的特点，所以提高信息检索技能对教学以及教师的发展具有十分重要的作用。提高信息检索技能首先应掌握足球运动实验教学的主要文献种类，并且掌握图书馆书目的检索方法，然后掌握用电脑收集资料的技能。

四、足球运动实验教学的模式

足球运动实验教学模式是在一定的教学思想的指导下，围绕教学活动中某一课题而形成的相对稳定的、系统化的、理论化的方案，是教学理论和教学实践活动的桥梁和中介，也是足球运动实验教学的范型。足球运动实验教学模式主要有演示讲授模式、实验归纳模式、实验演绎模式和实验研究模式。

1. 演示讲授模式

演示讲授模式是指由教师的演示实验与讲授结合而形成的一种实验教学模式。其主要适用于学生理解足球运动专业知识中的基本概念、基本原理，培养学生的基本操作技能。

2. 实验归纳模式

实验归纳模式是指在实验之后，在教师指导下根据实验现象师生共同归纳、总结、概括得出结论的一种教学模式。其适用于简单、与实验内容直接相关的实验。这种教学模式培养了学生归纳、概括的能力，使学生掌握知识更加牢固。

3. 实验演绎模式

实验演绎模式是通过典型的实验事实、现象而检验习得原理和规律的一种实验教学模式。演绎模式的优点在于经过一步步递推，逻辑较为严密，得出的结论可靠。

4. 实验研究模式

实验研究模式是通过引导学生对直观现象的观察、分析，并对可能出现的结论进行大胆猜测,形成假说,然后进行实验验证,从而得出结论的一种教学模式。此实验教学模式,通过以教师为主导、学生研究为主体的双向教学活动,启发学生的思维,促进学生去积极思考问题,探索知识,发现、分析和解决问题。学生不仅掌握了新知识和实验技能,其创新精神和实践能力也得到了培养和提高,还调动了学生学习的积极性和主动性。此模式适用于实验研究性强的实验教学,是一种有效性较强的实验教学模式。

五、足球运动实验教学的评价

评价最重要的意图不是为了证明,而是为了改进。足球运动实验教学评价是实现教学目标、巩固教学内容、提高教学质量的关键环节。实验教学评价是为了促进教师和学生的发展,所以对足球运动实验教学的评价应该从教师和学生两方面入手。

（一）实验教学中的学生评价

1. 实验教学对学生评价观的转变

足球运动实验教学评价观是指对足球运动实验效果做出判断达成共识的价值取向,它决定着实验教学评价的目的、内容和方法。在传统教学评价中,教师对学生的评价主要是对学习结果的总结性评价,忽视了实验过程的形成性评价,也忽略了学生的发展。高等教育改革强调过程评价,实验教学强调对贯穿于整个实验中的每一个环节的关注。大学生是有个体差异的,所以在评价过程中,要重视学生长处和优势发展的评价,促进学生的发展。

2. 进行多目标评价

为了学生的全面发展,在评价时要兼顾实验教学的多重目标。显然,足球运动实验教学目标包括知识与技能、过程与方法和情感态度与价值观目标。教师在评价时要平衡好三方面目标,不能只注重实验结果、观察能力和操作技能,而忽略了实验过程中所收获的科研思维和科研精神。

3. 采用多元化评价主体和评价方法

传统的教学评价主体比较单一,一般是由教师评价学生。这种评价模式不利于客观、公平、公正、准确地评价,也抑制了学生的发展,所以应该采用多样化的评价方式。对学生的评价除了教师对学生的评价、纸笔测验评价外,还应该包括学生之间的互评和学生自评。

评价方法最主要的有纸笔测验评价、学生档案袋评价、活动表现性评价、情境测验等评价方法，教师在评价过程中推广这些新的评价方法，实现多元化的评价模式，更有利于学生的发展。

4. 对学生进行综合评价

对学生进行综合评价，是为了更好地培养学生。综合评价强调了对学生各个方面的活动和发展状况的全面关注。新的课程评价应摆脱只注重传授知识的传统束缚，强调科学评价。注重学生综合素质的评价，包括学生的道德品质、实践能力、健康的体魄、审美观、对学习的积极态度、创新精神等方面的评价。

（二）实验教学中的教师评价

1. 教师进行自我评价

教师的自我评价是教师评价中的一个重要方面，是教师收集实验教学信息的有效方式，也是激励教师自我提高的手段。对教师而言，在实验教学过程中对教学进行反思，对不足之处认识得更加透彻，才能有目的地改善教学。教师不但要对每节课进行自评，还有对每学期或学年的教学表现进行总结和自评，这样更能提高教师的专业素质，改善实验教学质量。

2. 多种方式为教师提供反馈信息

学生是教学的主体、实验教学活动的参与者，所以学生对教师在实验活动中的表现有发言权，对教师实验教学技能的改进和提高有很大的帮助，对实验教学产生了积极的影响。教师在了解学生对教学活动的建议和想法之后，可以及时选择适当的教学方法、调整教学策略，提高实验的实施效果。同时，加深了师生之间的交流，完善了教师的专业素养。学生对教师的评价可针对某节实验课，也可以针对整个学期的实验教学情况进行；可以以自由发表建议的形式，也可以采用测评表的方式实施评价。

同行是一起工作的伙伴，他们会从专业角度对教学目标、方法、策略和实施效果入手，剖析课堂实施状况，给出宝贵且专业的建议。通过同行之间的交流，可获得大量有价值的信息。同行评价表的设置应从实验目标、实验能力、实验方法等方面着手。

六、足球运动实验教学的资源

实验教学资源的开发与利用有利于提高足球运动实验教学质量并实现教学目标，教师应有积极合理地开发和利用课程资源的意识，积极合理利用足球运动实验教学资源。

（一）足球运动实验教学资源的分类

足球运动实验教学资源就是实验教学中对学生进行教育，辅助教学的一切人力、物力以及自然资源的总和。它包括教学活动的场所、学校设施、仪器设备、图书资料、师资配备、科技水平等，它们在实验教学中起辅助作用，都被认为是教学资源。

足球运动实验教学资源的分类标准有多种，有按功能划分的，有按空间划分的，有按呈现方式划分的。这里主要介绍从内容上来划分的文本资源、实物资源、人力资源和制度资源。

1. 文本资源

文本资源包括足球运动实验教科书、实验教学参考书、足球运动实验指导书、实验辅导资料、相关书籍等。足球运动实验文本资源是实验教学的基本资源，是实现实验教学的基本条件。文本资源的特点是逻辑性好、科学性强、结构清晰，便于查找和保存。

2. 实物资源

实物资源包括科学直观教具、现代多媒体资源、实验场所等。直观教具有实验仪器、标本模型挂图等，是实验教学中的重要工具，在足球运动实验教学中起着重要作用，也是实验教学资源中不可缺少的一部分。现代多媒体资源是足球运动实验教学中的辅助工具，通过多媒体的音像和网上的辅助资源，学生和教师可以获得更丰富的资源信息。

3. 人力资源

人力资源包括足球运动实验课程的教师、专家、学生等。人力资源是足球运动实验教学中的重要组成部分，他们是实验教学中的主体，也是资源的开发者和利用者。有效利用这部分教学资源，可以提高足球运动实验教学质量，也可以引起人们对科学实验教学的关注。

4. 制度资源

制度资源是指足球运动实验教学中教师与学生以及学生与学生之间进行互动交流时所遵守的规则，它可分为内在制度资源和外在制度资源。内在的制度资源包括班风、学风、习惯等，外在的制度资源包括学校制定的校规校纪、教师制定的课堂纪律规则等。制度资源的合理利用是顺利实施实验教学的保障。

（二）足球运动实验教学资源的开发与利用

足球运动实验教学资源的开发与利用是相辅相成的。没有实验教学资源的开发就谈不上教学资源的利用，而实验教学资源没有得到合理的利用，也就无法促进教学资源的开发。

足球运动实验教学资源的开发与利用能完善实验教学，促进多样化的实验教学。实验教学资源的开发与利用扩大了实验教学的范围，提高了实验教学的水平和效益，对实验教学目标也有着重要意义。教学资源的开发与利用也为教师和学生提供了更多样的教学方法、手段和学习方式，使教师技能更全面、教学效果更明显，学生知识掌握更全面扎实、学得更积极主动，也促进了师生之间、生生之间的交流合作。所以提升教学资源的开发能力，合理利用教学资源，才能促进实验教学的发展，促进教师的专业发展。

1. 重视实验室的建设，更新实验设备

教学理念、目标和内容的不断改革，对实验教学提出了更高的要求，现有的实验条件逐渐不能满足实验教学的现状。因此，教育主管部门和高校教师应重视实验设备和实验室的建设。足球运动实验室与实验设备是学生实践、提高足球运动实验素养、培养创新能力，教师研究实验教学的重要场所和工具。实验室的条件和实验仪器一定要适应实验课程的要求。

由于足球运动实验教学倡导以课题研究的方式进行学习，为了提高实验教学效果，教师应尽量完善实验室的建设。实验室要有一定的规模，应该包括仪器药品室、准备实验室和实验教室。实验室要按照要求建设，如配备冷藏室等。

实验室设备的配备，一定要满足实验教学的需要，基本的设备、仪器、药品和材料是必不可少的，其他一些价格昂贵、操作复杂的设备也应该尽量购买，如不能全部配备，可少量配备。

加强实验室的建设,完善实验设备,同时还要配备实验技术人员与管理人员。教师也要不断地寻求成本低、简易而又显效、安全性高又环保的实验教学方式,既促进了实验教学,又促进了教师的专业发展。

2. 积极开发与利用信息技术教学资源,提高足球运动实验教学

现代信息技术的快速发展给足球运动实验教学提供了丰富的可用资源。教师应积极开发、利用多媒体资源和网络信息资源。网络信息资源可提供大量足球运动专业知识,教师精心利用网络教学资源不但补充了知识,还可以实现资源共享,获得更多的启发,提高实验教学。

3. 加强足球运动实验教学与训练实践的结合

足球运动实验教学资源的开发一定要因地制宜,紧密结合专业发展实际,发挥现有资源。这样可以让学生切身体会到足球运动实验在实际训练中的重要作用,科学地看待足球运动训练中的各种现象,启发学生对足球运动训练问题的思考。例如,指导学生勤于观察足球运动训练中队员奔跑的速度和耐力,观察足球运动员踢球的姿势等。

这里值得注意的是,不仅要重视教师在足球运动实验教学资源开发中的作用,还要重视学生在资源开发中的作用。学生不仅是实验教学的参与者,也是实验教学的受益者。教师应在适当的时机,创设实验情境,激发学生的创造性思维,使学生发现、创造,发挥学生的重要作用,积累更多的足球运动实验教学资源。

第四节 高校足球运动实验教学的设计

一、足球运动实验研究教学设计环节

在具体的实验研究教学设计过程中,主要有以下几个环节。

(1)创设研究情境

教师依据具体的教学内容,设计贴近实际、贴近学生的研究情境。例如,通过展示一个足球比赛的短视频,创设足球战术运用的情境;展示一个足球运动员的训练日志,创设足球运动员体能提高的情境等。

（2）提出研究课题

问题解决始于问题，是以问题为核心，从发现问题、提出问题直至解决问题的一个统一的全过程。在教与学的过程中，要让学生体会研究真实的课题。在创设的具体教学情境中，学生自己提出研究课题，或者教师开放性地引导或直接提出研究问题。

（3）明确实验研究任务

在确定研究课题之后，通过对课题的进一步分析和假设，明确具体的实验研究任务。例如，通过寻找合适的运动处方，实现伤病运动员体能恢复的假设和验证。

（4）设计实验研究活动的组织形式

在实验研究教学的实施中，研究课题的难易程度、实验的硬件条件、学生的研究水平、课堂教学时间等因素，都会对实验活动的组织形式产生影响。要根据学校、学生和研究课题的具体情况，决定小组人数；决定是所有小组完成相同的实验任务，还是由不同小组承担不同的实验任务等。

（5）设计实验研究活动的具体实施方案

实验方法、提供研究时间的长短、实验试剂和仪器、查找资料的内容等都需要进行精心的设计。

（6）设计实验研究活动的评价

第一，教师的评价包括几个部分，如知识与技能、过程与方法、情感态度与价值观等，而不只是侧重于认识方面。第二，教师要及时进行评价。根据教学情境，需要给予及时反馈，重视对合作、研究方法、实验设计等方面的评价。第三，注重学生的自我评价，给学生表达收获和体会的机会。第四，注重评价的生成性。对于突出的或暴露出来的问题，进行重点评价。第五，要对评价的层次和顺序进行设计，先落实直接结论，再落实推论；先评价研究活动首要目标的达成情况，再评价次要目标。

二、足球运动实验研究教学设计水平分类

在实施实验教学过程中，研究活动的开放度是决定具体实施方案的主要影响因素。如果从问题到结论都由教师给出或尊重教材的指导，则开放度很小，研究水平较低；如果研究课题、研究方法、研究结论都由学生自行设计、实施和交流，

则开放度大，难度也最大。在具体教学过程中，如果希望研究活动的开放度大，可以让学生自己设计方案并自行实施。教师不进行干涉，不对方案进行探讨和交流，每个小组完全通过组内讨论和合作来完成研究任务。如果希望研究活动开放度小，则可以先让组内设计实验方案，然后集体交流，确定一种较为合理的方案，再依照确定的方案实施实验。

第五节 足球运动专业学生足球运动实验素养的评价

一、学生足球运动实验素养的内涵

作为一种特殊而复杂的实践活动，实验活动的顺利完成，除了需要足够水平的实验能力起到决定性作用之外，还伴随着实验习惯、情感和意志等智力范畴之外的因素，它们同样起到了不可忽视的调节作用。而"素养"相较"能力"而言，包含的内容更为宽泛和全面，除了包括"能力"所代表的智力因素外，还包括习惯、观念、态度、意识、精神等智力范畴以外的因素。足球运动实验素养是指分析和解决足球运动实验问题、完成足球运动实验活动必需的实验能力、实验习惯和实验品质。

学生足球运动实验素养包括足球运动实验的知识与技能素养、足球运动实验的过程与方法素养、足球运动实验的情感态度与价值观素养三个方面。

1. 足球运动实验的基础知识

它包括实验安全知识、实验仪器的使用方法、实验基本操作方法、实验方法知识、实验现象和事实知识等。实验安全知识主要包括科学控制实验中药品的使用、储存、安全操作以及对实验对象人身健康进行保护方面的知识，以及如何防止事故发生。实验仪器的使用包括基本实验仪器的名称、构造、规格、用途、操作原理等知识。实验基本操作方法包括采用仪器测量人体指标的基本方法等。实验方法知识主要是有关科学方法论知识在足球运动实验教学中的应用。实验现象和事实知识包括实验观察到的有关足球运动实验的现象和事实。

2. 足球运动实验的基本技能

它主要包括实验操作技能，实验观察技能，实验数据测定、记录、分析与处理的技能。实验操作技能包括使用基本的工具和仪器进行规范、安全、熟练的操作，主要包括正确使用显微镜、心电图仪、酶标仪、自动生化分析仪、尿液分析仪、离心技术、电泳技术等。基本操作技能主要有采集血液样本、采集尿液样本、测量呼吸、测量肌电、连接仪器电路等。实验观察技能包括有目的地对实验现象进行全面、重点、对比观察并能准确描述观察对象的主要特征。实验数据测定、记录、分析与处理的技能包括能用文字、专业术语、线图、表格等方式，简洁、准确、客观、真实地记录实验现象和数据，能分析并归纳得出结论。

实验基础知识和基本技能共同形成实验能力，实验能力是实验素养的核心。能力制约着知识和技能掌握过程的深度、广度和速度，实验能力决定着实验素养的发展水平。

3. 足球运动实验的过程与方法

足球运动实验的过程是一个科学研究的过程，包括提出问题、假设、制订计划、进行实验、搜集证据、解释与结论、反思与评价、表达与交流等要素。在实验探究的过程中学会使用观察、假设、模型、科学抽象、分析、比较、归纳、演绎等科学方法。

4. 足球运动实验的情感态度与价值观

足球运动实验的情感态度与价值观包括严肃认真、实事求是、一丝不苟、积极参与、勇于创新的足球运动实验态度；实验预习、大胆质疑、良好沟通、分享协作、节约药品、操作规范、报告完善的足球运动实验习惯；对足球运动实验的兴趣，包括感知兴趣、操作兴趣、研究兴趣和创造兴趣。感知兴趣是指学生通过感知实验现象和观察各种实验仪器、装置而产生的实验兴趣；操作兴趣是指学生通过亲自动手操作来获得实验现象所产生的实验兴趣；研究兴趣是指学生通过研究实验现象产生的原因和规律性而形成的实验兴趣；创造兴趣是指学生在运用所学知识、技能和方法进行创造性的实验活动中所形成的实验兴趣。

足球运动实验的情感态度与价值观还包括沉着冷静、处变不惊、积极面对实验中出现的枯燥、挫折的良好心理素质。同时，要具有科学的实验观和价值观。科学的实验观即对足球运动实验的看法和根本观点，主要包括知道足球运动实验的本质，即能够认识到足球运动实验是人们利用科学仪器和设备，有目的、有步骤地控制或模拟科学对象，来认识物质及其变化规律的一种科学实践活动。足球运动实验的价值观，即能够认识到实验是科学认识的来源和基础，是检验足球运动专业知识真理性的根本标准和科学发展的直接动力。

二、学生足球运动实验素养的要素

学生足球运动实验素养可以划分为三个过程性要素，依次为足球运动实验素养的准备系统、实施系统和结论系统。

（一）准备系统

在实验的准备阶段，确定实验课题和设计实验方案是最主要的两项工作。

1. 提出问题、选择和明确课题的能力

足球运动实验课题就是为了实现某个特定的足球运动实验目的，需要研究和解决的一个或一组足球运动实验问题。足球运动实验问题，是指足球运动实验主体在某个给定的科学实验中的当前状态与所要达到的目标状态之间存在的差距。"当前状态"是指实验主体目前已知的知识或理论，"目标状态"是指实验主体目前未知但准备去研究的新知识或新理论。因此，足球运动实验问题是已知与未知之间的桥梁和纽带。实验者要善于通过多种途径找到问题，提出问题。首先，可从训练实践中提出问题，从本校的足球训练中观察问题，提出问题。例如，看到本校足球运动员体能提升效果不理想，就会想探讨提升运动员体能的方法。其次，可从足球比赛中提出问题。例如，对两方球员进行比较，解释某一方球员速度耐力占优势的原因等。发现问题、提出问题还不能说就已发现和明确了课题，一个复杂的问题往往包含方方面面的因素，常可将一个复杂的问题分解成几个小问题，其中有些问题才是主要的、关键的。一个具备选择课题能力的人，要善于观察、分析复杂问题的多种因素，并从中找出有实际意义、具有研究价值的问题作为课题。

2. 科学地选择实验方法和设计实验方案的能力

当课题确立后，就需要科学地选择实验方法和设计实验方案，包括设计科学的原理、科学的过程和科学的结论。足球运动实验设计是指实验者在实施足球运动实验之前，依据一定的足球运动实验目的和要求，运用有关的足球运动专业知识和技能，对实验的仪器、装置、步骤和方法等在头脑中所进行的一种规划。实验设计能力是根据实验目的，统筹考查原理、方法、步骤等实验因素，进行独立设计实验方案的能力。实验设计能力是中学足球运动实验能力中较高层次的能力，它本身具有较强的综合性、创造性和灵活性。足球运动实验设计的综合性是因为实验设计本身就是一个综合运用所学知识和技能来构思解决问题方案的过程，在这个过程中，大学生除了应具备一定的足球运动专业知识和实验技能外，还需要掌握各种科学研究的方法，如观察，测量，记录、归纳、整理资料，分析对比异同，抽象、概括出结论等。足球运动实验设计还要求学生具有严肃认真、一丝不苟、实事求是的科学态度。足球运动实验设计的创造性，是指通过实验设计，可以充分发挥学生的聪明才智，让学生运用自己所学知识，创造性地构思、设计解决问题的途径和方法。足球运动实验设计的灵活性是指学生在进行设计时要具有应变能力，思维要灵活。对于要解决的问题，根据不同的实验条件，可以设计不同的方案，即使在相同条件下，也可以从不同角度、不同层面、采用不同方法进行不同的设计。

总之，科学地选择实验方法和设计实验方案的能力是组成足球运动实验能力的重要因素。实验者的这一能力应该在实验教学中得到重点培养，循序渐进，按照由简单到复杂、由已知到未知、由定性到定量、由基本到综合的顺序逐步适应。

（二）实施系统

控制实验条件，全面、细致地观察，及时、准确地记录，是足球运动实验实施阶段的主要工作。因此，足球运动实验能力的实施系统主要由控制实验条件的能力和实验观察与记录能力构成。

所谓实验条件的控制，就是通过改变实验条件，运用各种不同的实验比较法，来探寻最佳实验条件的一种科学的操作方法和思考方法。从足球运动实验用具来看，足球运动实验条件的控制主要包括对样品、足球运动实验仪器和装置以及足球运动实验操作的控制。对实验条件进行控制的目的，就是要探寻最佳实验条件。控制实验条件的能力是实验得以顺利实施的关键。

实验观察是获得实验事实的有效途径。在足球运动实验中，实验观察包括对实验仪器、实验装置、实验对象的变化、图表及模型等有目的的、客观的、全面的、辩证的观察。所谓足球运动实验观察记录，是指用文字、科学术语、科学用语、数字、计量单位和装置图、线图、表格等形式,对实验观察现象进行简要、概括地描述的一种方法。准确而全面的记录是分析的基础,是得出正确结论的前提。因此,实验者的足球运动实验观察与记录能力也是足球运动实验能力的重要组成部分。

(三)结论系统

实验和观察只是为解决问题提供了具体的感性材料,更重要的是对实验现象进行观察之后,通过对实验数据的综合分析、比较,进行全面思考,得出结论。因此,足球运动实验能力的结论系统主要包括分析、研究和处理实验事实、资料、数据,形成概念、做出判断和推理,发现规律,概括成足球运动专业知识经验的能力,以及表达实验结果、最终解决问题的能力。

以上三个过程性要素构成了足球运动实验能力的动态流程。但是,实验者在具体的实验活动进行过程中,并不一定严格按照以上流程实施。例如,某些实验者根据自身的实验习惯,在实验活动进行过程中,也许并不存在独立的准备系统与实施系统,而是将二者穿插糅合在一起,在实验实施过程中根据实施情况及时进行下一步的实验设计。因此,在具体实施过程中,各系统间的界限可模糊化。

三、学生足球运动实验素养的现状

目前我国高等体育专业教育由于高校缺乏配套的足球运动实验资源,很多学生仅接触过简单、基本的实验,未接受过系统的实验技能训练,进行创新性实验等实践活动的机会较少。当前,足球运动专业学生的足球运动实验素养的现状不容乐观。表现为学生对足球运动实验的意义认识比较肤浅,仅仅停留在巩固所学知识和培养实验技能的水平上;实验基础知识不扎实;没有养成良好的实验习惯;实验缺乏目的性、主动性与研究性,实验满足于照方抓药,实验设计能力与研究能力较差;实验兴趣仅仅觉得好玩、新鲜,缺乏对足球运动实验研究的持久动力;实验心理素质较差,对有的实验有畏难心理;实验过程中缺乏严谨的科学态度,对实验数据的分析与处理不能实事求是;不会通过文字描述与使用符号、表格、图示等相结合的方法书写实验报告,报告缺乏简洁性、规范性、逻辑性、严谨性等。

四、学生足球运动实验素养的评价角度

足球运动实验素养是分析和解决足球运动实验问题、从事足球实验的具体活动所需要的相关实验能力、过程和品质。问题任务通过具体的实验活动得以解决。因此,通过实验活动来评价足球运动实验素养是最直观、最全面、最客观的途径。

1. 足球运动实验能力的评价

足球运动实验能力的实质是类化了的足球运动实验知识技能经验网络。足球运动实验能力的形成、发展及其水平高低在内取决于这个经验网络中各种知识技能的质量及其结构化和网络化的水平,在外则表现在个体进行和完成有关的实验活动和解决科学实验问题时的速度快慢和质量好坏两方面。因此,对于足球运动实验能力的评价,可以用活动水平作为外部的衡量标准,用知识技能的结构化水平作为内部的衡量标准,将两方面结合起来进行评量。

不同的实验知识和技能经过类化之后,形成和发展为不同的实验能力,满足解决各种问题、任务的不同实验活动的需要。"实验能力"可以替换为实验任务中的任何一种能力,如"测量视力、视野的能力",那么相应的起到统摄定向作用的"问题任务"就具体化为实验对象视力和视野的测量任务,相应的"实验活动"就应具体化为"视野计的操作"等具体实验活动。

2. 足球运动实验过程的评价

足球运动实验过程是实验者经一定的足球运动实验教育与实践,习得与积淀下来的实验完成程序。足球运动实验过程对足球运动实验活动的进行产生一定的调节作用,并且只有通过实验活动才能客观地外显出来。

3. 足球运动实验品质的评价

足球运动实验品质保证足球运动实验活动向正确、健康的方向进行,并且为实验活动提供驱动力。通过对实验者在实验活动前、活动中和活动结束后的情感、态度和价值观的观测、访谈及问卷调查,可以对实验者的足球运动实验品质进行测查。足球运动实验品质主要包括精神面貌、实验态度、实验安全意识、可持续发展观念和科学研究精神等。

五、学生足球运动实验素养的评价理念

通过评价,我们希望使学生兴趣盎然、积极研究、互相合作、充满自信。

1. 学生足球运动实验素养评价内容的全面化

学生足球运动实验素养评价的内容应涵盖知识技能、态度情感、价值观等方面。评价不宜过于关注理论的理解，应紧密联系实验在训练实践中的应用，使学生能够将学到的知识运用到实际当中，采用足球运动实验解决实际问题。

2. 学生足球运动实验素养评价方式的多元化

应注重多元化的评价方式。注意纸笔测验等量化的评价方式和活动表现评价、学生学习档案评价等质化的方式的结合，自评和他评的结合。不仅考查学生的基本实验知识、基本实验技能，而且有效引导师生共同关注实验设计、改进、创新，实验方法的交流、讨论，实验问题、结果的分析、交流、表达、反思。

3. 学生足球运动实验素养评价的动态化

应注重动态的过程评价。评价不仅关注结果，更应注意评价学生在整个实验过程中的表现，包括实验前的文献查找、资料整理、实验方案设计，试验中的现象观察、思考、实验态度、实验习惯、操作表现，实验后的交流、反思、数据的分析处理、实验报告的书写等，使评价贯穿于整个足球运动实验教学过程之中。

六、学生足球运动实验素养的评价原则

1. 发展性原则

评价应当符合培养学生全面的科研素质的目标，同时，笔者认为评价也要能促进教师专业素养的发展。

2. 科学性原则

评价目标要明确，评价方法要全面、有效，评价过程与结果要客观、准确、真实、有效。

3. 多元化原则

评价主体多元化，强调教师、学生的外部评价与学生的自我评价多元互动；评价内容多样化，包括知识技能、态度情感和价值观等方面；评价方式多样化，纸笔测验等量化的评价方式与活动表现评价、学生学习档案评价等质化的方式相结合，学生自评与他评相结合。

4. 动态化原则

注重动态的过程评价，静态的结果评价与动态的过程评价相结合，终结性评

价与形成性评价相结合，使评价日常化、常态化，充分引导学生通过评价得到实验行为的调节和实验素养的发展。评价不仅着眼于学生足球运动实验素养发展的具体水平，还要着眼于学生的实验素养在实验学习过程中的形成过程，保证学生足球运动实验素养在一个良性、有序、积极的环境中形成。

七、学生足球运动实验素养的评价方法

对于学生足球运动实验素养的评价方法是多种多样的。测查方法是否得当，直接影响测查任务的完成。因此，既要注意测查方法的全面性，又不能主次不分。评价方法要适当、准确、客观，便于操作。一般来说，可以采用的测量与评价方法包括以下三种。

（一）活动表现评价法

活动表现评价法（performance assessment）最早流行于美国教育领域，它的具体实施是围绕学习内容、学生特点和教学条件来进行的，学生要运用学到的知识和技能，按要求在真实或模拟的情景下解决问题，并以此作为评价学生学习的主要依据。学生可用行动、作品、表演、展示、操作、写作和制作档案资料等方式展示学习的过程与结果。活动表现评价可以全方位地评价与促进学生的知识技能、态度情感和价值观的发展。

1. 科学活动中的活动表现评价的含义

1）评价依据学生在足球运动实验活动中的表现进行。

2）实验活动是有目的的，学生需要通过实验活动解决实际问题。

3）实验活动与实际问题关系紧密，常常以研究课题的形式出现。

4）评价着眼于学生的实际表现。

5）评价所关注的学生实际表现，既包括实验活动结果的表现，也包括实验活动过程的表现。

2. 足球运动实验中的活动表现评价的特点

相比于传统的纸笔测验，活动表现评价的特点如下。

1）评价所关注的实验活动有更强的真实性。

2）更广阔的评价范围，包括知识技能，更包括情感态度和价值观。

3）更深的评价深度，不仅包括记忆性内容，更包括应用和创新能力。

4）评价能够做到尊重学生个体差异。

3. 足球运动实验活动中的表现评价信息的收集方法

1）选择观察法。评价者根据实验评价指标的要求，带着一定的目的，按照预先计划直接观察实验者，搜集评价所需的信息。观察者通过感官上的"看""听"来获取评价信息，这能够帮助评价者获得难以直接量化的评价信息。

2）交流法。除了观察以外，评价者与被测者之间通过言语交流也能帮助评价者获得被测者的评价信息，可以采用书面语言交流和口头语言交流两种途径。

（二）问卷调查法

问卷调查法是指评价者根据评价的目标，设计出一些与评价目标有关的问题，制成调查表，要求学生按规定答卷，从卷面获得评价信息。例如，情感评价作为实现实验教学目标的重要手段，促使师生共同关注学生在实验教学过程中形成的实验兴趣、实验态度、实验意志，以及自信心、价值取向等非智力因素，帮助教师了解学生、肯定学生、信任学生、鼓励学生，提高教学有效性、提高教师教学能力，引导学生正确评价自我，培养学生的自信心和自我实现倾向，促使学生积极学习，实现学习目标，进而促进学生科研素养的全面发展。情感评价的方法有多种，如观察法、访谈法、问卷法、利克特量表法、口头评价法、暗示评价法等。

足球运动实验中的情感评价，教师应当为学生打造一个展现自己的平台，充分关注、相信、肯定每一个学生，让他们能够在实验过程中充分地表达自己的情绪、情感，也可以有针对性地对学生进行系统观察，从而了解学生情感、态度的改变，更好地引导学生学习，使学生在情感、态度与价值观方面有较好的发展。同时，也能促进学生在知识与技能、过程与方法方面的良好发展。

（三）笔试法

依据足球运动实验教学目标，结合评价目标，编制足球运动实验素养评价表。这种评价方法最显著的特点是答案正误明确，评分客观，有利于快速获得学生之间的水平差异，使学生了解自己的优势和不足，从而调整学习行为，提升学习质量。这种评价方法的缺点也比较明显，即无法很好地反映学生的操作技能水平。

第三章　高校足球运动实验教学模式构建

第一节　高校足球运动实验教学模式的目标

一、高校体育运动专业实验教学目标的提出

实验教学是在国家大力倡导素质教育、创新教育，培养学生动手能力、综合创造能力的背景下提出来的。近年来，由于高等学校规模的不断扩张，教学条件难以满足规模扩张的需求，导致高等学校实验教学环节削弱，学生的动手能力和实验能力的培养受到了影响。教育部提出优化实验教学，提高实验教学质量。在此背景下，高校体育运动专业也提出构建运动实验教学模式，发展体育运动专业学生的动手能力、综合创造能力和科学研究能力。

二、高校足球运动实验教学模式的目标

构建高等学校足球运动实验教学模式，其目标具体讲就是：以培养学生综合科研能力和实验能力为中心，加大经费投入，实现资源共享；优化实验教学和管理队伍，创建新型实验教学模式的运行机制，学习和研究国内外的发展趋势，深入进行实验教学改革，积极开发创新性实验，加强优质教学资源的建设和实验教学信息化建设，充分发挥实验教学模式的育人作用。

第二节　高校足球运动实验教学模式的内容

一、创新教育理念，优化教学体系，建设教学队伍

应摒弃传统落后的教学思想，以先进的教育理念和实践教学观念展开教学工作，注重学生全面素质的培养，关注学生的认知、情感、态度、价值观，培养学生的科学研究能力和实践创新能力。理顺实验教学和理论教学之间的关系，重视实验教学。

建立科学、系统、完善的足球运动实验教学体系，将科研、训练、社会应用等方面融合到教学体系中，采用多元化的教学方法和评价方法，优化实验教学质量。

学校方面应对足球运动实验教学给予足够的重视，制定政策规章，建设实验教学和管理队伍。引入优秀师资指导和参与足球运动实验教学，从而使足球运动实验教学模式有效运行。

二、采用先进仪器，创新实验室管理模式

应采用品质精良、组合优化、数量充足的仪器设备进行实验教学，突出实验教学的设计性和创新性。保证实验室环境安全，实现信息化、网络化、智能化管理，定期维护实验室仪器设备和环境，提高开放度，满足学生学习需要。

三、显著的实验教学效果

足球运动实验教学应体现出较好的教学效果，并能得出一系列科研成果，教学效果辐射到训练、科研和社会应用方面，实现"训学研"一体化。学生有较高的学习热情和实验兴趣，能够规范进行实验活动，有较高的自主学习能力、实践能力、创新能力和科研能力。

综上所述，足球运动实验教学模式建设是个系统工程，单靠足球运动院系本身是无法建成的，需要校领导统筹规划，多部门共同参与和支持才能达到预定目标。实验教学改革，瓶颈问题不在教学改革的本身，而往往出在配套的人事制度

改革、分配制度改革、整个校内管理体制改革方面。做好实验教学模式的构建工作，也可以推动一下学校的人事制度、分配制度、管理体制的改革。有些行之有效的办法、措施、制度要固定下来，使其制度化、规范化。

由此可见，构建足球运动实验教学模式要紧紧抓住五个工作重点：一是建立一个足球运动实验教学新的体系；二是形成一支新的高科技、高水平的足球运动实验技术团队；三是建立一种灵活高效的运行机制；四是营造一个"以人为本"的崭新的足球运动实验教学育人环境；五是创出一批特色鲜明、"训学研"一体化效果理想的成果。

第三节 高校足球运动实验教学模式的指标

一、指标体系

参考教育部指标体系研制课题组研制的"国家级实验教学示范中心评审指标体系"，笔者提出高校足球运动实验教学模式需围绕如表3-1所示的指标体系进行构建。

表3-1 高校足球运动实验教学模式指标体系

一级指标	权重/%	二级指标
实验教学	40	教学理念与改革思路
		教学体系与教学内容
		教学方法与教学手段
		教学效果与教学成果
实验队伍	20	队伍建设
		队伍状况
管理模式	20	管理体制
		信息平台
		运行机制
设备与环境	20	仪器设备
		维护运行
		环境与安全

高校足球运动实验教学模式指标体系共含有 4 个一级指标和 12 个二级指标。每个一级指标被赋予相应的权重。在足球运动实验教学模式的构建过程中，应牢牢把握指标体系的导向性和科学性相结合、统一性和特殊性相结合、软件和硬件相结合的原则，树立以学生为本的教育理念，以能力培养为核心的教学观念，建立科学的实验教学体系，建立一支适应现代化教育的实验教学队伍，建立具有人性化特征的实验教学环境，对学生提供开放服务，并建立有效的运行管理体制。

二、指标特性

高校足球运动实验教学模式指标体系结构严谨，内涵丰富。指标体系中采取定性与定量相结合，对每个指标采取有针对性的观测点（见下文）进行评价，从而全面指导高等学校足球运动实验室的建设与管理。通过指标体系，可以指导和检测足球运动实验教学活动。该指标体系具有以下几个方面的特性。

（一）普遍适应性

该指标体系参考教育部指标体系研制课题组研制的"国家级实验教学示范中心评审指标体系"提出，对各学科专业具有一个统一的尺度，不仅足球运动实验教学模式的构建可以参考该指标体系，它对其他学科实验教学模式都是普遍适应的。

（二）导向性

指标体系的导向性主要体现在"改"字上，以足球运动实验教学改革对实验室建设起到引领、带动的作用。指标体系显著突出了实验教学改革，突出了队伍建设的改革，突出了管理体制及运行机制的改革，突出了实验教学观念和理念、思想和思路的改革。

（三）系统科学性

指标体系非常系统，4 个一级指标、12 个二级指标的权重分配符合我国高等教育的现状。指标体系项目清晰，观测点全面。通过这个指标体系能够科学地指导足球运动实验教学模式构建和客观地检测出足球运动实验教学的真实水平。

三、指标解析

（一）实验教学部分（40分）

实验教学部分含有4个二级指标，分别是教学理念与改革思路，教学体系与教学内容，教学方法与教学手段，教学效果与教学成果。该一级指标可通过16个观测点进行评价，其中有4个观测点为核心观测点。

1. 教学理念与改革思路

观测点①：核心观测点。

观测内容："学校以'以人为本'为指导思想，着眼于学生知识、技能、情感、态度、价值观等的形成。重视实验教学，制定相关政策规章落实教学工作。"

指标解析：该观测点主要考查学校的教学指导思想和教育理念。学校应有明确而且准确的教学指导思想和与国际及国内人才培养潮流相适应的先进的教育理念。尽管各高等学校的办学层次、办学规模、办学规格、办学水平不同，其教学的理念和观念有所区别，其人才培养模式、培养目标也有所不同，但它们在教学指导思想和教育理念方面都应该体现一个统一的意志，那就是"以人为本，促进学生知识、能力、素质协调发展，重视实验教学"。

新形势下足球运动实验教学改革的基本理念和原则应包括：实验模式的构建应依托相关学科的优势，与足球运动专业建设、教学基地建设紧密结合；以转变教育思想、更新教育理念为先导；以教学内容和课程体系改革为核心；以培养高素质创新型人才为目标；实验教学与理论教学有机结合；努力做到加强基础，拓宽知识，培养能力，激励个性，鼓励创新，全面发展，提高素质。

在具体表述时，要体现出学校对足球运动实验教学工作的重视，对实验教学观念上定位要准确，并对本校采取的做法从理念上加以阐述，同时也应有相应的政策和措施。

考查内容：

1）学校的教学指导思想和教育理念是什么。

2）学校的教学目标是什么。

3）学校教学改革的思路是什么。

4）围绕学校的教学指导思想和教育理念，制定了哪些与之配套的相关政策、制度、规章、办法和措施。

支撑材料：

1）学校"十三五"发展规划。

2）反映学校的教学指导思想、教育理念和教学改革的一些相关政策规章文件。

观测点②：普通观测点

观测内容："实验教学改革和实验室建设工作有条理，有章可循，具有较强的实用性，获得较明显的改革效果。"

指标解析：新形势下足球运动实验教学改革应把握的理念和原则：以转变教育思想、更新教育理念为先导；以教学内容和课程体系改革为核心；以培养高素质创新型人才为目标；实验教学与理论教学有机结合，课内教学与课外教学相结合；模式的构建必须依托相关学科的优势，与足球运动专业建设、教学基地建设紧密结合；努力做到加强基础，拓宽知识，培养能力，激励个性，鼓励创新，全面发展，提高素质。

该观测点，第一，主要考查足球运动实验室建设方面的思路、规划、方案、目标、任务和措施。规划和目标分为近期和远期两种，近期目标达到了没有，远期目标是否具有科学性和可持续发展的前瞻性。第二，要求与所依托的学科发展的近景和远景密切结合起来。第三，主要考查足球运动实验教学改革的思路，具体实验教学改革的方案、措施、效果如何。

在正确先进的理念和观念的指导下，足球运动实验教学改革思路、规划、方案要注意处理好以下几个关系。

1）实验教学模式构建与足球运动专业建设、教学基地建设的关系。

2）足球运动专业理论课教学与实验教学的关系。

3）足球运动实验教学与培养创新人才的关系。

4）基础实验教学与足球专业课教学的关系。

5）科研与实验教学的关系。

6）本科生实验与研究生实验的关系。

7）足球运动实验队伍的建设与管理的关系。

考查内容：

1）足球运动实验室建设近三五年的规划目标和建设方案是什么，思路是否明晰，是否与所依托的学科发展目标、人才培养目标、教学目标、学科特色相适应。

2）学校实验教学改革的思路、具体的改革方案和措施是什么，与足球运动专业的特色和课程体系改革结合得怎样，效果如何，上述七个关系的处理情况怎样。

支撑材料：

1）足球运动实验室建设规划（近期的和远期的）。

2）教学计划、教学大纲和教材。

3）与实验教学改革、实验室建设相关的规章制度、办法、条例等有关文件。

观测点③：普通观测点

观测内容："实验教学定位合理，理论教学与实验教学统筹协调，安排适当。"

指标解析：该观测点首先考查学校将足球运动实验教学在整个足球运动专业教学过程中所放的位置，是与理论教学并重还是将实验教学放到理论教学的附属位置，强调的是"实验教学"还是"教学实验"。"实验教学"在整个教学过程中与理论教学同等重要，定位就是合理的。其次考查学校是否充分认识到实验教学在人才培养中的重要地位和作用，与理论课是否有机结合、统筹协调。最后考查理论课与实验课安排是否适当，理论课与实验课的综合性和融合性如何。

考查内容：

1）实验课在整个足球运动专业教学活动中的定位。

2）理论课与实验课有机结合，其综合性、融合性的情况及课程安排进度情况。

3）实验学时数在课程教学中所占的比例。

支撑材料：

1）反映理论课与实验课课时比例的课程表。

2）教学大纲、计划、实验指导书、实验教材和教学进度表。

3）证明以上考查内容的相关政策、教学文件、规定、办法等。

2. 教学体系与教学内容

观测点①：核心观测点

观测内容："建立与理论教学有机结合、以能力培养为核心、分层次的实验教学体系，涵盖基本型实验、综合设计型实验、研究创新型实验等。"

指标解析：该观测点，首先，要考查以能力培养为中心的指导思想是否是普遍地、实质性地落实到整个足球运动实验教学体系中去，只是进行一些探索是不够的。其次，实验教学课程体系是否形成了"分层次、模块化"的教学体系：基础型实验、综合设计型实验、研究创新型实验三个层次，并且按不同学科、专业分模块组合实验教学内容。

"分层次、模块化"的实验教学体系最终要体现"以能力培养为核心"的实验教学指导思想。

考查内容：

1）"以能力培养为核心"的教学指导思想和课程安排是否自始至终地贯穿于整个实验教学过程，还是仅仅作为试点、探索。

2）"分层次、模块化"的实验教学体系有没有形成，与理论课教学有机结合的融合性如何。

支撑材料：

1）课程安排的相关材料。

2）实验教学大纲、自编教材、选用教材、教师开发的课件、典型教学案例、学生创新性实验报告、科技活动资料等。

观测点②：普通观测点

观测内容："教学内容注重传统与现代的结合，与科研、训练和社会应用实践密切联系，融入科技创新和实验教学改革成果，实验项目不断更新。"

指标解析：该指标内容的提出，是站在大教育的视角，把足球运动实验教学与科技创新成果、实验教学改革成果，特别是社会应用、训练项目、科研项目和服务于地方或区域经济发展联系起来，这与国家倡导的建设创新型国家的要求是一致的。就是要摒弃陈旧落后的实验教学内容，及时补充科学技术前沿的新技术、新方法。大力倡导和激励实验技术人员和教师从工程实践中发现并积极开发一些新的实验项目。

考查内容：

1）学校实验教学内容引入科技创新成果及实验教学改革成果的情况。

2）实验教学内容结合社会技术应用、足球运动训练项目、足球运动比赛项目、校内外科研项目的情况。

3）足球运动实验教学为地方或区域经济发展服务的行动和成果情况。

支撑材料：

1）实验项目更新率（近五年来不低于30%）。

2）与社会工程应用、训练和比赛项目、校内外科技项目结合取得的成果、经验。

3）为地方或区域经济发展做出的贡献大（物化的成果包括校内外合作开发的产品、各种奖励证书、鉴定证书、专利成果等）。

观测点③：普通观测点

观测内容："实验教学大纲充分体现教学指导思想，教学安排适宜学生自主选择。"

指标解析：学校教学指导思想要体现"以学生为本，促进学生知识、能力、素质协调发展，重视实验教学"这个教育理念，实验教学大纲中应该自始至终贯彻这个思想和理念。足球运动实验课程的安排要给学生留有很大的自主选择空间，重个性，求创新。

考查内容：

1）实验课程的安排情况，是否给学生留有自主选择的空间。

2）实验方案的设计情况，是老师设计好了让学生验证，还是让学生自主设计，在老师指导下完成实验。

3）实验项目学生选做与必做的比例。

支撑材料：

1）实验教学大纲。

2）课程教学日历。

3）实验项目表。

4）实验教材（包括自编教材和统编教材）。

观测点④：普通观测点

观测内容："实验教材不断改革创新，有利于学生创新能力培养和自主训练。"

指标解析：所有教学活动都离不开教师、学生、教材教具（含仪器设备）。该观测内容还是强调"以能力培养为核心"和"以学生为本，促进学生知识、能力、素质协调发展"的指导思想，这就要求足球运动实验教材要不断改革创新，实验教材的内容要有利于学生创新能力的培养和学生自主实验、自主训练。

考查内容：

1）选用的足球运动实验教材是否是国内国际最新的实验教材。

2）有无自己新编的（包括正式出版的或尚未出版的）足球运动实验教材，内容更新了没有。

3）足球运动实验教材的内容是否有利于学生创新能力的培养和学生自主实验、自主训练。

支撑材料：

1）所用的实验教材，包括统编、自编、正式出版和尚未出版的。

2）实验内容更新（近五年来）所占教材内容的比例。

3）学生的自主实验、自主训练的实验项目数。

3. 教学方法与教学手段

观测点①：普通观测点

观测内容："重视实验技术研究，实验项目选择、实验方案设计有利于启迪学生的科学思维和创新意识。"

指标解析：该观测点主要是给老师提供的要求，考查在实验课中有没有学生自主实验的过程，包括自主设计方案、自主获得实验结果等。实验教学中老师主要是引导和点拨，启发学生的创新思维。有的实验方案要靠实验老师，完全靠学生可能有困难，学生创新思维的开发更多地体现在一些小的实验上，这就要求老师为学生提供一定的空间，在给予充分指导的基础上提高学生的自主性。

考查内容：

1）"以能力培养为核心"的实验教学观念是否贯穿于整个实验过程。

2）反映学生自主设计方案、路线的实验教学案例。

支撑材料：

1）由学生自主设计的方案、路线的实验项目名称，学生的实验报告和实验结果。

2）在教师指导下，学生的不同方案、路线巧妙地实现实验结果的典型教学案例。

观测点②：核心观测点

观测内容："改进实验教学方法，建立以学生为中心的实验教学模式，形成以自主式、合作式、研究式为主的学习方式。"

指标解析：该观测点主要考查足球运动实验方法的改进和建立以学生为中心的实验教学模式。以学生为中心既体现在实验课的指导方式上，也体现在学生自我学习的方式上。指导方式上主要不是实验老师包揽全过程，把方案、路线、仪器设备、实验材料的配置全部告诉学生，而是给学生提供实验方法的思路，启发学生自己去设计和配置。同时在实验教学中应注重培养学生的合作精神和团结精神。一个实验项目可以几个人分工合作：一个人准备仪器设备，一个人准备实验材料，一个人采集实验数据，集体讨论实验结果等。这种科学研究的合作精神从本科时就应该加强培养。以学生为中心的实验教学模式就是要求在实验教学过程中能够形成学生的自主式、合作式、以研究式为主的学习方式。

考查内容：

1）以学生为中心的足球运动实验教学模式有没有形成。

2）足球运动实验教学方法是老师包揽了全过程还是学生有很大的自主空间。

支撑材料：

1）自主式实验项目的名称、实验报告、实验结果。

2）合作式实验项目的名称、实验报告、实验结果。

3）研究式实验项目的典型案例（主要在综合型、设计型、研究型实验项目层面上）。

观测点③：普通观测点

观测内容："实验教学手段先进，引入现代技术，融合多种方式辅助实验教学。"

指标解析：指标要求足球运动实验教学手段先进、引入"先进"指标，必然与仪器设备的先进和现代化水平联系在一起。但不能单纯理解为必须购进先进设备，不能在设备是否先进上比高低。应提倡的是用一些通用的仪器设备开发出新的先进的实验技术与方法。有许多精巧的设计完全是利用传统的仪器设备来实现的。当然，一旦购进了先进的仪器设备就要管好、用好、开发好，与之配套的实验指导书的内容一定要更新，将新的实验技术、方法教给学生，给学生留有更大更多的思考空间。

先进的实验教学手段，主要是指应用多媒体及计算机网络视频技术开展辅助教学，以改进传统的实验教学内容和实验技术方法，提高教学效率和教学水平。通过院系网站多渠道建设多媒体教学资源库和提供丰富的网上教学资源，如开展网络的虚拟仪器远程互动实验等。学生可以通过微机来处理实验数据、分析结果、查阅文献、设计方案、预习、选课、建立电子档案、进行电子阅览等。

考查内容：

1）仪器设备更新后，实验教学内容、实验指导书是否更新。

2）诸如多媒体实验教学课件的制作情况、多媒体课堂实验教学的情况、虚拟仪器与仿真实验等情况。

支撑材料：

1）对应新购置的先进仪器设备所编写的实验教材及实验指导书。

2）开发的实验课用的课件及虚拟仿真实验项目名称，每年接受多媒体课堂实验教学的学生人次数。

观测点④：普通观测点

观测内容："建立多元实验考核方法，统筹考核实验过程与实验结果，激发学生实验兴趣，提高实验能力。"

指标解析：该指标的提出，主要考查对学生实验学习的考核不能单一，要多元化考核，如用闭卷考试、开卷考试、上机考试、现场随机抽查考试、问答及口头陈述等多种形式来考核学生知识与技能掌握的情况。关于成绩的记分，要统筹考核实验的全过程和最终结果。所谓统筹考核，就是指不要过分强调和关注学生实验的结果，更多要注重实验的全过程，学生的实验方案设计的是否科学，仪器设备的配置与使用是否合理，是否违反了操作规程，数据采集是否正确，实验材料的用量是否符合要求等，然后再看其实验结果是否正确。允许学生实验失败，允许学生失败后重新做一次，这样对启发和放飞学生的心智非常有帮助。

考查内容：

1）考查学生实验课的考核成绩单是否能对不同层次的实验采取不同的考核方法。例如，单独设课的基础型实验成绩评定可以由预习报告（20%）、实验操作（40%）、实验数据（20%）、实验报告（20%）四部分组成。对于综合型、设计型实验，成绩评定可由方案设计、软件仿真、设备调试、实验报告四部分来统筹考核。对于研究创新型实验，成绩评定可由设计报告、产品测试、创新内容、创新物化的成果四部分来统筹考核。

2）考查一堂对学生具有考核内容的实验课。

支撑材料：

1）抽查近三年来学生考核、考试成绩记录单（每班级 10 份）。

2）召开关于考试考核办法的学生座谈会，提交座谈会记录。

4. 教学效果与教学成果

观测点①：核心观测点

观测内容："教学覆盖面广，实验开出率高，教学效果好，学生实验兴趣浓厚，对实验教学评价总体优良。"

指标解析：该指标主要考查足球运动实验教学模式的办学效益。要求教学覆盖的课程要多而广，学生受益面大。对于足球运动专业，实验教学模式涉及的课程应在 3 门以上，开出的实验项目数应在 30 个以上，年实验人时数应在 5000 以上，受益学生数 50～100 人。实验开出率一般应为 100%，否则其效果就不强了。教学效果应体现在学生的学习兴趣上，而学习兴趣又依赖于实验教学的内容、实验教学的方法和手段。学生自主设计实验、创新型实验参与得多，说明其兴趣浓厚，对实验教学评价自然就会高，反之亦然。

考查内容：

1）开出实验课程有多少门。

2）开出实验项目数有多少。

3）年参加实验的学生数有多少。

4）年完成实验人时数有多少。

5）学生参加创新型实验项目数和自主设计实验个数及参加人数有多少。

支撑材料：

以上五个方面要求的具体数据，要在教学计划中一一列出，做到实事求是。

观测点②：普通观测点

观测内容："学生基本知识、实验基本技能宽厚扎实，实践创新能力强，实验创新成果多，学生有正式发表的论文或省部级以上竞赛奖等。"

指标解析：该观测点主要考查实验教学中学生的学习情况，要用一些物化的成果来证明学生实验基本技能和实践创新能力的高低。在考查过程中，教育部提出不主张现场进行测试，但可利用座谈会、现场提问等方式与学生进行交流，以了解他们的学习情况。

考查内容：

1）学生的创新成果。

2）学生的小发明、小创造、小制作、小论文的成果。

3）各种竞赛获奖情况。

支撑材料：

1）学生创新成果的获奖证书、专利证书以及学生的创新作品。

2）学生发表的论文及刊物名称。

3）省部级以上各类竞赛的获奖证书。

观测点③：普通观测点

观测内容："承担省部级以上教学改革项目，成果突出。"

指标解析：该观测点主要考查足球运动实验教学的教师积极参加省部级、国家级教改项目的情况，如网络项目等；承担的省部级以上的科研课题及成果如何。

考查内容：

1）承担的省部级新世纪教改项目的情况，如省部级精品课程建设项目、省部级教学改革研究与实践项目等。

2）教学改革项目的获奖情况。

3）承担科研项目情况。

支撑材料：

1）承担的省部级和国家级教改项目的名称、级别、立项时间及获奖证书。

2）承担的省部级和国家级科研进入"十三五"国家体育科技攻关项目及省部级、国家级科研基金等项目的名称、级别、立项时间及获奖证书。

观测点④：普通观测点

观测内容："实验教学成果丰富，正式发表的高水平实验教学论文多，有获省部级以上奖的项目、课程、教材。"

指标解析：该观测点主要考查足球运动实验教学教师的实验教学成果、水平如何。

考查内容：

1）近五年来优秀教学成果获奖情况。

2）近五年来优秀实验技术成果获奖情况。

3）近五年来精品课程、优秀教材获奖情况。

4）"十三五"国家级规划足球运动教材编写情况。

5）省部级、国家级教学名师的评选情况。

6）教师近五年来发表的论文情况。

支撑材料：

1）省部级、国家级教学优秀教学成果获奖情况。

2）省部级、国家级优秀实验技术成果获奖情况。

3）近五年来省部级、国家级精品课程、优秀教材获奖情况。

4）任主编、副主编的国家级规划教材的名称。

5）省部级、国家级教学名师证书。

6）近五年来教师在各种杂志、期刊特别是核心期刊上发表的论文，包括题目、作者、发表时间、刊物。

观测点⑤：普通观测点

观测内容："在训学研一体化建设中产生作用。"

指标解析：该观测点主要考查足球运动教学模式所取得的各类成果在训练实践中的影响力。

考查内容：

1）优秀教学成果、优秀实验技术成果在训练实践中的推广应用情况。

2）精品课程、优秀教材发行及影响情况。

3）教师论文发表刊物的级别及被利用的情况等。

支撑材料：

1）优秀教学成果、优秀实验技术成果采用的高校、运动队的名称及它们采用后的评价及取得的成果、证明、证书。

2）优秀教材发行的学校、数量。

3）精品课程在国内高校的影响及评价。

4）论文发表期刊的影响因子。

（二）实验队伍部分（20分）

实验队伍部分含有2个二级指标，分别是队伍建设、队伍状况。该一级指标中含有7个观测点，其中有2个核心观测点。

1. 队伍建设

观测点①：普通观测点

观测内容："学校重视足球运动实验教学队伍建设，规划合理。"

指标解析：该观测点主要考查校、院两级管理部门对足球运动实验队伍重不重视，实际这是一种领导行为，而不是教师自己能完成的事。实验队伍建设首先要有学校、学院重视，相关部门如人事处、财务处等通力合作，才能做好队伍建设这篇大文章。所以这个观测点主要是考查校、院一级领导和相关部门对这个问题的重视程度。

考查内容：

1）学校师资培养规划中对足球运动实验技术队伍的建设要求。

2）足球运动学院在师资培养计划中对实验技术队伍建设的规划。

3）考查校、院两级师资培养规划和计划中足球运动实验技术队伍师资培养的合理性。

支撑材料：

1）学校有关师资培养的规划。

2）足球运动学院有关师资培养的计划。

3）在师资培养规划和计划中，实验技术人员所占的比例（包括引进、在职培养等）。

观测点②：普通观测点

观测内容："政策措施得力，能引导和激励高水平教师积极投入实验教学。"

指标解析：该观测点主要考查学校及主管部门（如人事处、实验室与设备管理处等）在制定政策时，是否有利于吸引和激励高水平的教师从事足球运动实验室的建设与管理工作，是否积极地参与实验教学工作。

考查内容：

1）学校对足球运动实验技术人员制定相关政策、办法、规定、措施。

2）主管部门，如人事处、实验室与设备（资产）管理部门对实验技术人员制定的相关政策、办法、规定、措施。

3）高水平教师参与足球运动实验室建设、管理、实验教学的情况。

支撑材料：

1）学校和主管部门对实验技术人员制定的相关政策、文件。

2）高水平教师参与足球运动实验室建设、管理、实验教学的人数，他们的学历、年龄、承担的管理及实验教学任务。

3）省部级以上各类竞赛的获奖证书。

观测点③：普通观测点

观测内容："实验教学队伍培养培训制度健全落实，富有成效。"

指标解析：该观测点主要考查足球运动实验教学队伍建设的人员培养培训情况。第一，院系是否重视队伍建设；第二，院系对实验技术人员、教辅人员有没有远期的培养培训计划和制度；第三，制度和计划是否落实，效果如何。

考查内容：

1）足球运动学院有无对实验技术人员、教辅人员的培养培训计划和制度。

2）制度和计划是否落实，效果如何。

支撑材料：

1）院系对实验技术人员、教辅人员的培养培训计划和制度的相关文件、政策、办法、措施。

2）近五年来院系培养培训实验技术人员和教辅人员的人次数。

3）经过培养培训，足球运动实验技术人员和教辅人员的学历、职称方面的变化以及他们在实验室建设、管理和实验技术创新方面所取得的成果。

2. 队伍状况

观测点①：普通观测点

观测内容："实验教学中心负责人学术水平高，教学科研实践经验丰富，热爱实验教学，管理能力强，具有教授职称。"

指标解析：该观测点主要考查院系任命的足球专业系主任。足球运动专业的实验教学模式要建设管理好，必须有一个好的带头人。系主任应具有前瞻的目光，能够把握好足球运动专业教学今后发展的大方向，能够提出专业自身发展的规划，根据足球运动专业发展的实际提出教学模式发展可操作性的一些具体措施。系主任应该作风正派、团结专业教师、埋头苦干，组织协调能力、管理能力要强。系主任在教学、科研两个方面都要有较深的造诣，教学科研成果突出。系主任一般应具备正高级职称（教授、研究员、应用研究员），年富力强。系主任应是长期定岗在中心工作，常年从事实验中心的管理、实验教学工作。

考查内容：

1）系主任的学历、职称、年龄情况。

2）系主任的教学科研情况。

3）在实验教学工作中承担的管理工作情况。

支撑材料：

1）学校任命系主任的文件。

2）系主任的职称、职务、聘书。

3）系主任的教学、科研经历。

4）系主任的教学研究、科研项目及获奖成果。

观测点②：核心观测点

观测内容："实验教学队伍结构合理，符合中心实际，与理论教学队伍互通，核心骨干相对稳定，形成动态平衡。"

指标解析：该观测点主要考查中心队伍人员组成的合理性，其中核心骨干人员是否相对稳定，理论教师与实验教师能否形成互通的机制。中心队伍应该是开放的、流动的，而不是固定的、封闭的。

考查内容：

1）足球运动实验教学队伍人员的职称结构、学历结构、年龄结构是否合理。

2）专职人员和兼职人员的比例是否合理（一般兼职人员不超过1/3）。

3）整个实验教学队伍是否形成一种良性的人员流动机制，学校有没有相关政策。

支撑材料：

1）实验教学队伍人员的高、中、初职称各占的比例数。

2）实验教学队伍人员中的博士、硕士、本科生等各占的比例数。

3）实验教学队伍人员的年龄：50～59岁、40～49岁、30～39岁、30岁以下各占的比例数。

4）实验教学人员专、兼职人员名单（实验技术人员一般按工作量1万～1.5万人时数配备1名）。

5）学校、学院对实验教学队伍人员的引进、培养、待遇、职称评定等相关政策、规定、办法等文件。

观测点③：核心观测点

观测内容："实验教学队伍教学科研创新能力强，实验教学水平高，积极参加教学改革、科学研究、社会应用实践，广泛参与国内外同行交流。"

指标解析：该观测点主要考查实验教学队伍的整体素质，包括学术水平、科研能力、为足球运动发展做出的贡献以及国内外学术交流的情况。

考查内容：

1）近五年来实验教学人员承担的国家级、省部级教改项目的情况。

2）近五年来实验教学人员承担的国家级、省部级科研项目的情况。

3）足球运动实验教学为运动训练实践、比赛、校企联合、开发新技术、进行技术革新和技术改造所做工作的情况。

4）国内外学术交流的情况。

支撑材料：

1）实验教学人员近五年来承担的国家级、省部级教改项目的名称、立项时间、获奖证书。

2）实验教学人员近五年来承担的科研项目纵向、横向课题的名称、立项时间、获奖证书、课题经费总数。

3）校企合作的合同与证件、为足球运动训练、比赛发展做出的贡献、获奖证书、技术鉴定证书、专利证书等。

4）对外合作交流，出国访问学者人次数、参加国内外学术交流的人次数以及校际学术交流研讨会的人次数。

观测点④：普通观测点

观测内容："实验教学队伍教风优良，治学严谨，勇于探索和创新。"

指标解析：该观测点主要考查实验教学人员教书育人的情况。

考查内容：

1）足球运动实验室的管理、实验教学管理是否井井有条。

2）实验课程安排是否合理，课堂指导是否认真，实验操作规程是否严谨。

3）实验指导教师指导创新实验项目、开放实验项目等情况。

支撑材料：

1）学生对实验教师的评价材料。

2）典型事例说明实验教师的教风优良，教书育人，热爱实验教学工作。

3）毕业生问卷调查，对在校学习期间实验教学方面的意见和建议。

4）实地考查一堂实验课。

（三）管理模式部分（20分）

管理模式部分含有3个二级指标，分别是管理体制、信息平台、运行机制。该一级指标中含有10个观测点，其中有2个核心观测点。

1. 管理体制

观测点①：普通观测点

观测内容："实施校、院级管理，资源共享，使用效率高。"

指标解析：该观测点主要考查足球运动实验教学模式的管理体制是否实行了校、院两级管理。实验室是否打破了学科、专业的界限，是否打破了功能低下、重复建设的封闭式的管理模式，真正实现了足球运动专业与其他相关学科专业的资源共享，真正建起了资源共享的大平台。多年来高校管理体制改革的实践证明：高校实验室实行校、院两级管理有利于实验室的建设，能够稳定教学秩序，促进教学改革，更好地促进资源共享。过分强调学院对实验室的支配权，往往容易阻碍优质资源在全校或向校外的共享辐射，但过分脱离学院、学科，又不利于队伍建设，不利于高素质的实验教学队伍的建设。

考查内容：

1）实验教学模式和实验室的管理体制。

2）实验室建制的情况。

3）共享平台建设情况。

支撑材料：

1）校、院级有关实验室管理体制改革的文件，学校下发的与足球运动实验教学有关的正式文件。

2）各实验室的名称、地点、任务、资产明细等全部信息。

3）共享平台为足球运动专业发展做出的贡献及所取得的效益。

观测点②：普通观测点

观测内容："实验教学系主任负责制，教育教学资源统筹调配。"

指标解析：该观测点主要考查学校和足球运动学院是否赋予系主任应该拥有的一切权利，在人力、物力、财力、场地等方面系主任是否真正拥有调配权和使用权，包括仪器设备的调配使用权。如果系主任只是个空名，所拥有的权利不能实施，那么实验教学模式的运转就会受阻，足球运动实验教学的发展就会受到严重影响。

考查内容：

1）系主任对该中心的发展规划是否做到了心中有数，其前瞻性如何，是否与学科发展紧密联系。

2）院系是否赋予了系主任在人力、物力、财力、场地等方面的调配权和使用权。

3）高水平教师参与足球运动实验室建设、管理、实验教学的情况。

支撑材料：

1）足球运动实验教学的发展规划。

2）学校、学院赋予系主任在人力、物力、财力、仪器设备和场地等方面的调配权和使用权的文件、政策、办法、规定、证明等材料。

3）高水平教师参与足球运动实验室的建设、规划、管理的相关实证材料。

2. 信息平台

观测点①：普通观测点

观测内容："建立网络化实验教学和实验室管理信息平台。"

指标解析：该观测点主要考查实验室网站的建设。首先，实验室的网站是否建立，更为重要的是信息平台硬件建起来后的网络化的教学和管理的实际水平与成效。网站的教育教学资源是否丰富，实验指导能否通过网上来进行。例如，实验室可以安装摄像系统，教师可以通过网站远程监控，学生可以在节假日通过实验室开放进入实验室做实验，教师和学生可以在网上进行教和学的交流。

考查内容：

1）足球运动实验室网站的建设情况。

2）教育教学资源在网上的运行情况。

3）借助信息平台网上进行足球运动实验教学的情况。

支撑材料：

1）足球运动实验室网址。

2）信息平台建设硬件配置设备明细。

观测点②：普通观测点

观测内容："具有丰富的网络实验教学资源。"

指标解析：该观测点主要考查实验室网站教学资源是否丰富，能否充分利用网络平台的现代教学手段和现代教育技术对学生实施足球运动实验教学活动。

考查内容：

1）足球运动实验教学大纲与教学计划、实验教学进度、实验教学日程安排等。

2）课件、电子教案、电子教材、实验视频以及虚拟实验等。

3）常用模块设计、创新课题和信息、各种竞赛信息、网上在线实验系统等。

支撑材料：

以上三个方面可浏览实验室网站，据实评价。

观测点③：普通观测点

观测内容："实现网上辅助教学和网络化、智能化管理。"

指标解析：该观测点主要考查实验室利用网站信息平台进行网上辅助教学和网络化、智能化管理的情况。

考查内容：

1）学生能否通过实验室网站预约和选择实验。

2）开放实验室内的实验室网站是否具备远程控制功能。

3）实验室网站实现智能化管理情况，如有没有门禁系统、在线实验教学系统等。

4）实验室网站是否具备仪器设备管理、人员管理实验室信息管理系统、教师教学质量评价系统以及日常实验教学管理系统。

支撑材料：

浏览实验室网站，据实评价。

3. 运行机制

该二级指标含有5个观测点，其中有2个核心观测点。

足球运动实验教学模式管理的运行机制主要考查校、院两级管理机构，特别是各个主管职能部门为实验教学模式构建提供的政策环境。例如，实验教学人员的流动机制、经费投入机制、实验室内部的管理机制和教师的考评机制。这四个机制是否已经建立起来并运行良好，学校是否出台了相关政策、办法和措施，以保障各机制的良好运行。

观测点①：核心观测点

观测内容："实验教学开放运行，保障措施落实得力，实验教学模式运行良好。"

指标解析：该观测点主要考查实验教学开放运行情况。首先要清楚什么叫"开放"，"实验室开放"不是时间的概念，每天开放 8 小时、12 小时或者周六、周日开放几小时，这不是完全意义上的开放。所谓"开放"，即能随时满足教师、学生预约并能随时进入实验室做实验。"开放"的一个重要标准就是充分满足学生自主学习的要求。只要满足学生的自主学习的要求，就叫"开放"。

开放教学实验，即教学计划规定的实验课程，包括实验时间、实验内容、实验材料三个方面向学生开放，让学生可以在一定时间范围内选择实验时间；在实验内容上，设有必开项目和选开项目两种，除必做实验项目外，为学生提供选做实验项目菜单，使学生可以自由选择实验项目。

开放实验室，即除足球运动教学计划规定的实验课程以外，学生充分利用实验室的资源和仪器设备来进行课外学习（计算机上机）、科学研究、实验研究、科技制作、毕业论文（设计）、各种课外科技竞赛、学校设立的实验室开放项目、大学生科技创新立项项目等活动，使实验室成为培养学生创新精神和实践能力的基地。

考查内容：

1）实验教学的"开放运行"机制是否形成。

2）学生、教师能否随时预约和进入足球运动实验室做实验。

3）有无保障"开放运行"的相关办法、措施等。

支撑材料：

1）关于实验室开放的相关政策、办法、规定、措施。

2）浏览实验室网站，看教师、学生预约实验和随时进入实验室做实验的情况，据实评价。

观测点②：普通观测点

观测内容："管理制度规范化、人性化，以学生为本。"

指标解析：该观测点主要考查两个方面：一是实验室管理制度和运行机制要方便教师随时可以进入实验室做实验准备和做实验；二是要方便学生自主学习，满足学生个性化的学习要求。个性化的要求对教师和学生都要充分体现。对教师来说，一部分人要进足球运动实验室做实验，应随时满足，另一部分教师是对那些随时要进实验室做实验的学生进行实验指导，他们往往要牺牲休息时间、节假日时间，实验室的实验材料也要增加消耗。类似这些问题，学校和主管部门能否给予教师休息时间和实验室材料经费上的补偿？要充分考虑到这些问题并制定相关的政策、办法，实验教学模式才能运行良好。

考查内容：

1）实验室的管理体制是否以人为本、规范化、人性化，既方便教师又方便学生个性化的要求。

2）有无相关的政策、办法、规定和措施。

支撑材料：

能够说明实验室以人为本、规范化、人性化的政策、办法、规定、措施，实地考察落实情况。

观测点③：普通观测点

观测内容："实验教学评价办法科学合理，鼓励教师积极投入和改革创新。"

指标解析：该观测点主要考查足球运动实验教学模式能否科学合理地鼓励教师积极投身实验教学和实验教学改革和创新。一是看学校和主管部门及实验室所制定的措施是否鼓励教师积极投入；二是能否激励他们积极参与改革和创新。足球运动实验教学模式所制定的考评机制能否调动和激发教师的积极性。例如，实验教师的工作量计算问题、职称评聘问题、竞聘上岗问题、业绩考核问题等。要做好这些工作，不是足球运动专业本身能确定的，必须要有学校、学校的主管部门、足球运动学院共同参与才能制定出公正、合理、科学的考评办法，形成的考评机制才能得到推行。

考查内容：

1）有无科学合理地鼓励教师积极投入到实验教学工作、实验教学改革和创新中去的得力措施。

2）足球运动实验教师的工作量计算、职称评聘、竞聘上岗、业绩考核等方面的办法如何。

3）鼓励理论课教师积极参与实验教学和实验教学改革和创新的办法、措施如何。

支撑材料：

1）学校、主管部门、足球运动学院、实验室制定的鼓励教师积极参与实验教学工作、实验教学改革和创新的办法、措施。

2）实验教师的工作量计算办法、职称评聘办法、竞聘上岗办法、业绩考核办法等。

3）理论课教师兼职实验教师的条件、要求、办法。

观测点④：核心观测点

观测内容："实验教学运行经费投入制度化。"

指标解析：该观测点主要考查实验教学运行经费的投入情况。实验室的建设经费学校应该根据各实验室承担的任务每年定量划拨，其划拨额度应根据实验室的功能、承担的任务和对学科实验性质的不同而定。运行经费是指能维持实验室日常运行所需的经费，包括仪器设备维护维修经费，实验材料经费，室内"三通"（通气、通水、通电）改造所需的经费，各实验室环境改造（门、窗、墙面、地面、照明、桌椅板凳更新更换）等经费，实验室的图书资料经费，人员培训经费等，这些是维护足球运动实验室正常运转的经费，学校应该保证这些经费的到位，以确保实验室的实验教学得以正常运转。

考查内容：

1）近五年来学校向实验室投入的建设经费情况。

2）学校向实验室每年投入运行经费的额度，能否维持实验室实验教学的正常进行。

支撑材料：

1）学校财务部门近五年来向实验室投入建设经费的财务账目清单。

2）学校、学院及财务主管部门对实验室实验教学运行投入额度和经费管理办法。

3) 实验室每年获得的仪器设备维护维修经费,实验材料经费、室内通气、通水、通电运行经费,实验室环境改造经费,图书资料经费,人员培训及其他经费的财务账目清单。

观测点⑤:普通观测点

观测内容:"实验教学质量保证体系完善。"

指标解析:该观测点主要考查校、院两级以及主管部门对足球运动实验教学模式制定的一系列规章制度和管理办法,实验室自己制定的一些规章制度和管理办法,这些规章制度和管理办法能否保障足球运动实验教学的各项任务保质保量地完成。

考查内容:

1) 学校、足球运动学院和职能部门为足球运动实验教学制定的一系列规章制度,包括实验室建设、管理、经费使用、队伍建设等是否能够确保实验教学模式各项任务的完成。

2) 实验室自己制定的质量保证相关制度,如实验教学督导制度、定期听取教师和学生意见或问卷调查制度、监督检查和考核制度等。再如,图书资料整理与存档制度,仪器设备维护与管理制度,实验室的安全消防、防盗、卫生清洁制度,学生实验守则,大型精密贵重仪器操作规程等,这些相关制度是否都具备,能否保障足球运动实验教学的各项任务的完成。

支撑材料:

1) 学校、足球运动学院和职能部门为实验教学各项工作所制定的各项政策、规章、办法、规定。

2) 实验室为保证实验教学质量所制定的规章、办法、措施、规程、规定。

(四)设备与环境部分(20分)

设备与环境部分含有3个二级指标,分别是仪器设备、维护运行、环境与安全。该一级指标中含有9个观测点,其中有2个核心观测点。

1. 仪器设备

该二级指标主要考查仪器设备的数量和质量是否满足教学需求,使用效率高不高,自制和改进仪器设备的情况及教学效果如何。该二级指标的权重虽不高,但还是要进行比较和评价。

观测点①：核心观测点

观测内容："品质精良，组合优化，配置合理，数量充足，满足现代实验教学要求。"

指标解析：什么是品质精良，什么叫作组合优化，怎样才能配置合理，只有一个标准，就是只要满足足球运动实验教学目标要求，满足教学需要，哪怕配置一些教学型的、简易型的仪器设备，也是未尝不可的。品质精良标准没有提必须是高、精、尖、先进的仪器设备。实际上国内高校实验室仪器设备的配置与国外大学并不差，有的甚至优于国外大学实验室的装备条件。所以"仪器设备"这个指标只是提到要"精良"。当然，如果实验室除承担教学任务外还承担一些科研任务，那么购置一些先进仪器设备以提高科研水平和能力也是应该的，但不能以此来攀比，评价时侧重点还是应放在教学上。

关于标准中提到的数量问题，"双基实验室评估标准"和本科教学评估中都提到数量的要求，有的学科必须达到一人一台（套），如物理、化学、电工电子、生物等教学实验需要一人一台（套），有的学科可以5~8人一台（套）等，这些要求都是根据教学实际提出来的。在本科评估中，对生均仪器设备总量许多学校提出了自己的目标要求，如5000元/生为合格，8000元/生为良好，10 000元/生为优秀。笔者认为，足球运动实验教学的仪器设备只需要达到5~8人一台（套）的标准即可。

关于组合优化，就是指教学型的、科研型的、新型的和旧型的、大型的和小型的仪器设备可以搭配使用，有些实验内容可以通过合理的搭配和组合来完成，那么就没有必要花大价钱去购置一些昂贵的仪器设备。总之，标准要求和办法就是"花小钱办大事"和"少花钱多办事"。不难看到，近几年许多高校从政府那里拿到了不少经费，购置了一些高、精、尖的仪器设备，但是利用率不高，这在足球运动实验教学中绝对不是应该倡导的。

考查内容：

1）近五年来实验室通过各种渠道（包括学校专项、政府专项、院系自筹、院系与企业合作共建等）所获得的仪器设备购置经费的情况。

2）实验室为教学、科研配置的仪器设备情况及仪器设备更新情况（一般掌握：机电设备平均年更新率应保证在 8%以上，电子仪器 10%以上，计算机 20%以上）。

3）实验室的仪器设备总值及生均仪器设备值的情况。

支撑材料：

1）实验室现有的仪器设备总值、台套数及生均仪器设备值。

2）近五年来实验室通过各种渠道获得的建设经费账目清单。

3）实验室所配置的仪器设备明细。

4）单台件（套）40 万元/台（套）的数量、名称、型号、购置时间、运行情况。

5）仪器设备更新率。

观测点②：普通观测点

观测内容："仪器设备使用效益高。"

指标解析：该观测点尽管不是核心观测点，但笔者认为应当给予其很大的权重，这说明其考查内容的重要性。主要考查实验室的教学、科研仪器设备的使用效益。应该看到，目前很多高校包括部属院校、省属地方院校特别是西部地区的高校，国家、地方政府的投入经费数量是可观的，很多高校在仪器设备硬件建设上迈出了一大步，包括自筹资金购置的仪器设备。但在实际考察时，这些仪器设备利用率并不算高，往往是摆样子，不让学生动，不开放使用，这不正确。笔者认为，不管是从哪个渠道获得的资金所购置的用于足球运动实验教学和科研的仪器设备，都应该用于教学、科研，都应该向学生、教师开放，向社会开放，宁肯用坏了也不能闲置坏了。教学资源的浪费应该提高到对国家、对人民不负责任，应从犯罪的高度来认识。

考查内容：

1）实验室仪器设备所承担的教学科研的情况。

2）单台件（套）40 万元的仪器设备使用效益评价的情况。

3）仪器设备对校内外开放使用的情况。

支撑材料：

1）单台件（套）40 万元的仪器设备使用效益评价表。

2）仪器设备使用记录。

3）实验室仪器设备完成教学、科研任务所取得的成效，包括获奖证书、专利证书、成果等。

4）对师生和社会开放使用记录及校企合作开发使用记录、合同、协议书等。

观测点③：普通观测点

观测内容："改进、自制仪器设备有特色、教学效果好。"

指标解析：该观测点主要考查实验室对现有仪器设备的升级改造及自制教学科研仪器设备的情况，用于教学科研效果如何。国家一直大力提倡对原有的仪器设备进行技术改造、技术升级更新，这样可以做到虽花钱不多但可以解决大问题；还一直提倡通过教师、学生的创新活动，自制教学科研仪器设备，这样既锻炼和培养了学生的创新思维、动手能力，又为学校节约了资金，是一条事半功倍的好路子。当然，升级改造和自制的仪器设备要满足教学科研的使用需要，效果要好。

考查内容：

1）足球运动实验室对现有仪器设备的技术改造、技术更新的情况。

2）教师指导和组织学生自制教学、科研仪器设备的情况。

3）技术升级改造后及自制的仪器设备用于教学科研的情况。

支撑材料：

1）实验室进行技术改造、技术更新的仪器设备名称、台（件）数、其技术指标的变化明细表。

2）教师、学生自制仪器设备的名称、性能、技术指标的明细表及自制仪器设备实物。

3）实验室用自制和升级改造的仪器设备完成的教学科研任务、获奖证书、专利证书等。

2. 维护运行

该二级指标一是考查实验室仪器设备的管理制度是否健全并且运行良好；二是考查实验室仪器设备的维护维修是否有得力措施；三是考查实验室仪器设备的维护维修运行经费是否有保障。

观测点①：普通观测点

观测内容："仪器设备管理制度健全，运行效果好。"

指标解析：该观测点主要考查实验室对现有仪器设备的管理情况。由于近几年来仪器设备的投入不断增长，购置的仪器设备越来越多，一些足球运动实验室出现了"重买轻管"的现象。购置时报计划，要经费，招投标，但设备一旦购置进校后就束之高阁。所以一定要建章立制，把购置的足球运动实验教学仪器设备管好、用好，充分发挥教育资源的效益。

考查内容：

1）实验室仪器设备的管理规章制度是否健全。

2）大型、精密、贵重仪器设备有无持证上岗制度和操作规程。

3）实验室仪器设备运行情况如何。

支撑材料：

1）实验室仪器设备管理的规章制度、办法、规定等。

2）大型、精密、贵重仪器设备的操作规程、操作上岗证件。

3）实验室仪器设备的利用率。

观测点②：普通观测点

观测内容："维护措施得力，设备完好。"

指标解析：该观测点主要考查实验室的教学科研仪器设备维护是否有保障，措施是否得力，仪器设备完好情况，以避免那种"拼设备"的不良状况出现。仪器设备能否得到及时维护，是否建立起"有偿使用"的良性循环、"以机养机"的有效机制，教学科研工作能否在仪器设备完好的情况下连续不间断，这也是考查足球运动实验教学模式的一个重要方面。

考查内容：

1）实验室是否有仪器设备维护维修专业队伍和兼职维护维修人员。

2）实验室是否有保障仪器设备及时得到维护维修的办法、制度、规定，是否建立了大型、精密、贵重仪器设备"以机养机"的有偿使用的运行机制。

3）仪器设备的完好情况。

支撑材料：

1）实验室仪器设备维护维修的办法、制度、规定、措施。

2）实验室仪器设备维护维修人员的名单及其学历、年龄、技术特长等。

3）实验室仪器设备的完好率（本科教学评估中要求完好率95%为合格）。

观测点③：普通观测点

观测内容："仪器设备维护经费足额到位。"

指标解析：该观测点主要考察实验室的教学科研仪器设备维护经费的落实情况。一般规定，大型、精密、贵重仪器设备的年维护维修费参考值应是该设备总值的 1%～3%。

考查内容：

1）实验室仪器设备维护维修经费的来源有哪些（学校专项、社会共建资助、足球运动学院自筹）。

2）实验室年维护维修经费的额度是多少。

支撑材料：

1）实验室每年获得的仪器设备维护维修经费额度的财务明细表。

2）实验室每年获得的仪器设备维护维修经费占实验室仪器设备总值的比例。

3. 环境与安全

该二级指标主要倡导各实验室积极为学生营造一个人性化的育人环境，营造一个人性化的实验教学氛围。因为实验室要求具有特有的环境：一是实验室的室内面积及其空间布局是否满足实验教学和方便师生；二是实验室内的安全和环保情况怎样，是否执行了安全部门、环保部门的有关规定和标准，应该配套的相关设施是否齐全；三是对实验室的安全及教育是否常抓不懈，措施如何。应在实地考察时一一详细观测，据实评价。

观测点①：普通观测点

观测内容："实验室面积、空间、布局科学合理，实现智能化。"

指标解析：该观测点主要考查各实验室的面积、空间、布局是否科学合理。一是实验室的使用面积是否符合教育部有关标准的要求，如基础课教学实验室评估和本科教学评估达标要求是 $2\sim2.5m^2$/生。二是实验室在空间布局上是相对集中还是太分散，足球运动实验教学所使用的实验室应当集中在同一个教学楼。三是实验室管理的智能化，如实验室可安装门禁系统或远程控制系统，有一个实验室专用的控制室进行全面监控，以便于集中管理。

考查内容：

1）实验室内生均使用面积是多少。

2）布局是否合理。

3）实验室智能化管理有无办法和措施，相关设施是否方便管理，方便师生。

支撑材料：

现场实地考察，据实评价。

观测点②：核心观测点

观测内容："实验室设计、设施、环境体现以人为本，安全、环保严格执行国家标准，应急设施和措施完备。"

指标解析：该观测点主要考查实验室"以人为本"的理念是否落实到实验室的设计、环境以及安全应急设施的购置和使用上，从实验室的设计开始就要体现这种理念。所以，在实验室建设时，足球运动实验教学人员有责任和义务积极参与建筑物设计，向建筑设计人员提出安全、环保等有关标准和要求。例如，噪声如何处理；废液、废渣如何处理；建筑物内有无防火、防毒紧急疏散通道和出口；水、电、暖管线如何布置；上层管线如何布置；室内的电源插座、下水管道的走向和使用位置；等等。再如，门窗设计安装要注意，门窗要外开，便于紧急疏散。类似的各种人性化设计理念都应该贯彻到建筑物设计中去。

考查内容：

1）实验用房。实验用房满足实验教学任务需要，每次实验生均用房面积＞2～2.5m^2（本科教学水平评估标准及"双基"实验室评估标准要求）；房间高度＞2.5m，地面防滑、耐磨，有特殊需要的应做防腐蚀处理；房屋无破损，白色或浅色涂刷，实验室周边不邻振动源；门（双开）窗完好，无缺损。

2）室内设施。实验台、柜、桌、椅无破损，结构规范标准，有特殊需要的实验台应由防火、理化板材料构成；实验通风符合要求；有温度、湿度要求的实验室，按规定控制温度、湿度（室内温度保持在16～26℃，湿度保持在60%左右）；水、电、暖管道走线布局安全、合理，符合规定要求。

3）室内环境。实验室内照明亮度在150lx以上；室内噪声＜55分贝（机械设备＜70分贝）；有特殊要求的实验室应具备"三废"（废气、废液、废渣）处理措施。

4）安全措施。有防火、防爆炸、防盗、防破坏设备和措施；实验操作室、办公室、值班室分开；室内走廊无杂物；安全标示牌齐全（如"高压危险""有毒有害"等）。

5）特殊技术安全。高压容器存放合理；易燃与助燃气瓶分开放置，离明火10m以外；实验需使用放射性同位素的，有使用许可证，操作人员有上岗证；具备有害射线超剂量检测手段；对实验用病菌、动物有管理措施；放射、剧毒物品有存放、领用管理办法。

6）环境卫生。清洁、整齐，相关设施齐全。

支撑材料：

现场实地考察，据实评价。

观测点③：普通观测点

观测内容："认真开展广泛的师生安全教育。"

指标解析：实验室的安全教育是"平安校园建设"的重要组成部分。实验室的安全教育包括的内容很多，除应急设施和措施完备以外，还包括一些醒目标志的提醒，如注意辐射危险的标志。标示牌挂到适当位置以提醒注意。实验室应该设立安全责任人制度，安全员的标牌应该固定在室内醒目位置，便于师生和外来人员随时咨询安全问题等。

考查内容和支撑材料，一并通过现场实地考察和询问，据实评价。

第四章　高校足球运动实验理论

第一节　足球运动实验的目的与方法

一、足球运动实验的目的与要求

（一）学习足球运动实验课程的目的

足球运动实验课程是教学过程的一个重要组成部分，它与理论课同等重要。随着体育科学的发展，体育实践，无论是体育教学、训练，还是健身指导、体育管理，对从业者的实践技能要求越来越高。因此，足球运动实验的目的任务可从以下四个方面认识。

1）学生学习实验课程，会对足球运动实验的一些基本方法有所掌握，并了解相关仪器设备的操作技术，有利于为以后从事足球运动实践活动打下基础，如根据所掌握的知识和技能从事足球技战术评价、健身指导、训练监控、医务监督和选材等。

2）使学生通过亲自做实验和详细观察，了解人体各系统、器官的机能水平以及人体对内外环境刺激的反应和适应能力；熟悉不同人群（不同年龄、性别、职业、运动项目等）体能的异同点；进一步验证和巩固足球运动专业的基本理论。

3）培养学生能够客观地对各种足球运动指标变化进行观察、比较、分析和综合的能力，以及在独立思考的基础上，自主设计方案解决实际应用问题的能力。同时，在实验中学习前人优秀的研究思想。

4）培养学生的科研意识，培养学生严谨、认真的实验态度，培养学生实事求是的工作作风。

（二）学习足球运动实验课程的基本要求

1. 实验前

1）在实验指导册子上获取实验目的、要求、步骤、程序和注意事项等信息，并仔细阅读，熟练掌握。

2）找到和实验内容有关的所有理论知识点进行复习，充分理解这些知识点。

3）对每一个实验步骤的结果进行预测，并尝试对这些结果进行解释。

4）预测实验中可能出现的问题和误差，预备解决的方案。

2. 实验时

1）认真听讲，仔细观察教师的演示过程，尤其是影响实验结果的关键步骤。

2）实验器材的摆放力求合理、整齐、清洁，有条不紊。

3）认真按实验步骤操作，不能随意改动，做人体实验时要确认安全无误后才能开始。要注意保护实验样品，节省实验材料和药品。

4）在做较大型实验时，实验小组内各成员要明确分工、各尽其职、相互配合、统一指挥。小组成员要基本固定，轮流操作，提高效率，尽可能增加每个学生的实习机会。

5）认真观察实验现象，对每个现象及时进行记录，同时结合理论知识内容分析现象。

6）若遇到困难，首先要自己想办法解决，实在无法解决时，再求助于老师。

7）实验结果不理想或失败时，要及时分析原因。条件允许时可重做。

8）对于示教类实验，主要由于仪器精密，且数量较少，不能满足学生亲自做实验，但其实验意义较大。应与自己做实验同等对待。

3. 实验后

1）将实验用具清洗干净，整理好。如有损坏或短少，应立即报告负责老师。

2）仔细整理实验记录和资料，做出实验结论。

3）不管是教师示范的实验还是自主设计自主完成的实验，都要撰写实验报告，并交给老师评阅。

（三）实验室守则

1）遵守学习纪律，按时到实验室，不得无故外出和早退。

2）必须严肃认真地进行实验，实验期间不许进行与实验无关的活动。

3）保持安静，讲话时要低声，以便实验顺利进行。

4）每一个实验小组采用本小组的器材完成实验，不可随意调换使用。如遇仪器出现故障，应立即告知教师和实验室负责人，以便及时维修。学生不可自行拆修仪器。

5）爱惜公共财物，注意节约。若损坏仪器，应立即向老师报告，根据损坏情况进行赔偿。

6）实验完毕后，清点实验器材和用品。清洗实验器具和实验台。棉球、纸屑及废物应放在指定地点，不要随意乱丢。

7）各小组轮流打扫实验室卫生。

（四）试剂使用规则

1）在使用试剂之前，需要先仔细地看试剂标签，确认是所需要的试剂，包括其名称和浓度等。

2）取出所需试剂后应立即盖好瓶盖或瓶塞并放回原处。不可随意将试剂专用的滴管与试剂瓶分离。取出试剂中多余的部分不可倒回瓶内。

3）使用滴管时，滴管尖端朝下，切勿倒置，勿使试剂流入橡皮帽内。

4）使用有毒试剂或强酸、强碱溶液时，尽可能用量筒量取；若用吸管时只能用吸耳球吸取，勿用嘴吸，以免造成意外。

5）多余的重要试剂和各种有污染的液体或凝胶，要按照要求进行回收，不得丢弃。

6）配制的试剂和实验过程中的样品，尤其是保存在冰箱中和冷冻室中的样品，必须贴上标签，写上品名、浓度和日期。放在冰箱中的易挥发溶液或酸性溶液必须严密封口。

（五）废弃物的处理

1）所有固体废弃物，如用过的滤纸、棉花等，必须倾弃于垃圾桶内。

2）浓酸必须弃于小钵中，用水稀释后倒入水池中。

3）实验完成后的沉淀或混合物中有可提取的贵重药品不可随意丢弃，应注意回收。

二、足球运动实验的基本方法

（一）足球运动实验的分类

足球运动实验的内容较多，分类较为复杂，大致可进行如下分类。

根据实验对象，可分为人体实验和动物实验；

根据实验进程，可分为急性实验和慢性实验；

根据实验观察水平，可分为整体、器官、细胞、亚细胞、分子水平的实验；

根据人体结构系统，可分为心血管系统实验、呼吸系统实验、肌肉实验、泌尿系统实验、内分泌实验等；

根据人体功能系统，可分为运动系统实验、能量代谢系统实验、有氧能力实验、无氧能力实验、人体机能调节实验、疲劳实验等；

根据人体所处的机能状态，可分为安静状态实验、定量负荷状态实验、最大运动状态实验、疲劳状态实验、恢复状态实验等；

根据身体素质，可分为力量素质实验、速度素质实验、耐力素质实验、灵敏和柔韧实验、平衡能力实验等；

根据学科，可分为足球运动生理学实验、足球运动生物化学实验、足球运动医学实验、足球运动生物力学实验、体育测量学实验、足球技战术实验等；

根据应用领域，可分为全民健身测试、运动员身体机能测试等；

根据实验场所，可分为运动现场实验和实验室实验等。

（二）常见的动物足球运动实验模型与基本方法

采用动物实验对足球运动进行探究，主要进行与足球有关的动物机体机能实验。人体机能实验学的基本方法是通过对人体的实验测定而获取人体各种生理功能变化规律的实验资料。但某些实验可能会对人体造成损伤，这就需要利用动物实验进行观察。有些复杂的问题需要通过建立实验模型才能进行详细研究，如要观察心脏肥大后心脏机能的变化，先要对动物进行长期的耐力训练，建立心脏肥大模型，然后再进行实验观察。实验模型的优点在于使所研究的问题简化，所获得的结果更接近正常机能状态。

应当指出，动物实验虽然是研究生物机能不可缺少的手段，但从中所得到的数据和结论，不能盲目地用于人体，而要做必要的验证、试验。

（三）常见的人体足球运动实验模型与基本方法

针对足球运动员进行足球运动实验研究，主要是进行与足球有关的人体机能实验。人体运动机能实验模型是在长期的机能测试中逐渐形成的，种类很多，但不规范、不统一。建立人体运动模型常受许多因素影响，如测试指标、采集样品、仪器条件、实验场地、人体的机能状态、心理和情绪等。因此，建模时要严格控制条件。其建模原则与动物建模原则相同。下面列举几种常见的人体运动机能实验模型。

1. 逐级递增负荷模型

其方法是让受试者在负荷仪器（功率自行车、跑台）上由低负荷到高负荷进行持续运动。在运动期间，每隔一定时间将负荷增加一档，直到受试者无法完成所规定的功率为止。一般起始负荷男子为90W，女子为60W；两档之间负荷差为20~30W；每档持续时间为 2~3min。有时候受仪器的限制，在每级负荷完成后必须暂停1min进行测试，此时的模型称为间断性逐级递增负荷模型。

此模型主要用于观察人体机能随负荷增加的变化规律，应用较广。

2. 持续性运动模型

其方法是让受试者在负荷仪器上以某一固定功率进行持续运动，或在运动场地以某一固定形式进行运动，以观察运动前、整个运动过程中以及运动后人体机能的变化规律。在仪器上运动时，人体机能指标较易测试；而在场地上运动时，只能靠遥测仪器采集人体机能数据，对仪器的要求较高，所能采集的数据种类较少。

3. 间断性训练模型

其方法是让受试者在负荷仪器上（或在运动场地上）运动一段时间，然后休息一段时间；接着再运动一段时间，休息一段时间，如此重复三四次，通常把休息时间也称为间歇时间。调控运动时间与间歇时间之间的比例关系，可以得到不同的人体机能变化。间歇时间长，休息完全，称为重复训练；间歇时间短，休息不完全，则称为间歇训练。测试时，既可以测运动时的机能变化，也可以测间歇时的机能变化。

第二节　足球运动实验研究的实验设计

足球运动实验研究的实验设计中，学生围绕足球运动发现或提出研究课题，采用科学的思维方法来设计实验，解决研究课题。

一、实验的选题、设计与实施

足球运动实验的基本内容有如下几个方面。一是确定足球运动实验的目的，并围绕这个目的去查阅文献，撰写开题报告。二是设计实验的具体方法和程序，其中，实验的具体方法包括实验材料、对象、分组、技术路线、观察指标等内容。三是预实验，并在预实验的过程中发现问题，从而调整实验方案，此后再正式进行实验。四是收集实验数据，筛选、整理、统计分析。五是对实验进行总结，撰写论文报告，并进行论文答辩。

注意，选择实验对象时，足球运动实验的主要对象包括正常人、足球运动员及有一定足球基础的人。有创伤性的实验还可以用动物作为实验对象。选择何种对象应考虑实验的目的、方法和指标以及各种对象的特点。做实验记录时，实验记录一般应包括：实验对象的条件，如运动员年龄、性别、身高、体重、训练年限等；运动负荷的种类，如跑步、骑自行车、举重等；实验环境的条件；实验日程步骤及方法；观察指标变化的数据或原始描记图等。

二、探索性实验的分析与总结

分析与总结的总原则为侧重观察学生通过这一教学过程是否在智力方面得到开拓，将重点放在设计思路与通过实际操作将书面设计转化为实际结果的可行性，以及综合应用理论知识解释实验结果的能力。分析和总结应当涵盖如下环节：实验的选题与实验设计；实验过程与结果；实验论文的质量；答辩表现；小组互评；在实验设计和论文中的排名得分。

三、实验设计的一般原则

（一）基本原理

足球运动实验的一个重要组成部分是实验设计，其基本原理是运用统计学的知识和方法，使实验因素在其他所有因素都被严格控制的条件下，实验效应（作用）能够准确地显示出来，最大限度地减少实验误差。因此，实验设计是使实验研究获得预期结果的重要保证。

（二）基本要素

足球运动实验研究，无论是在动物身上进行实验，还是以人体为对象的试验，都具有机能实验所涉及的三大要素，它们是处理因素、实验对象与实验效应。

1. 处理因素

处理因素指的是根据研究目的的需要，实验者所确定的将要施加给实验材料或对象的处理。

2. 实验对象

足球运动实验的对象包括人和动物，为了避免实验给人带来损害或痛苦，除了一些简单的观察，如血压、脉搏、呼吸、尿量的实验可以在人体进行以外，主要的实验对象应当是动物。选择动物的条件如下。

1）必须选用健康动物。大多数时候，从动物的外观就可以大致判断其健康情况。如果动物的健康状态不佳，常常会表现出精神不振、毛发干燥蓬乱、流鼻水、眼有分泌物或痂样积垢、身上腥臭气味浓重，以及肛门及外生殖器有稀便、分泌物等。

2）动物的种属及其生理、生化特点是否合适复制某一模型。例如，鸡、犬不适合做发热模型，家兔则适合；大鼠、小鼠、猫不适合做动脉粥样硬化模型，猪、兔、鸡、猴则适合；大白鼠没有胆囊；猫和鸽有灵敏的呕吐反射，而家兔和其他啮齿动物则不发生呕吐；豚鼠耳蜗较发达，常用于引导耳蜗微音器电位；呈一束的减压神经仅见于家兔，多用于减压反射或减压神经放电实验等。

3）动物的生物学特征是否比较接近人类而又较经济易得。例如，猩猩、猴子有许多基础生物学特征与人类十分接近，用它们复制人类疾病模型进行实验研究，所得的结果比较接近人的情况，然而因为这些动物价昂难得，饲养、管理的要求也较高，故常采用其他价廉易得的动物，如需用大动物完成，可选用犬、羊等，一般常选择的实验动物为家兔、大鼠、小鼠等，只在某些关键性的实验时才使用这些昂贵难得的动物。

4）动物的品系和等级是否符合要求。不同的实验研究有不同的要求，如大鼠适合做高血压实验研究，裸鼠适合做肿瘤病因学实验研究，一般清洁动物适合学生实验，无菌动物适合高要求的实验研究。

5）选用动物的年龄、体重、性别最好相同，以减少个体间的生物差异。通常来说，根据动物的体重即可大致估计动物的年龄。比如，成年小白鼠为20～30g，大白鼠为180～250g，豚鼠为450～700g，兔为2～2.5kg，狗为9～15kg。要进行急性实验建议采用成年动物，要进行慢性实验建议采用年轻健壮的雄性动物。对性别要求不高的实验，雌雄应搭配适当；与性别有关的实验研究，要严格按实验要求选择性别。

3. 实验效应

实验效应指的是采用某种测度方法来显示处理因素对受试对象的某种作用的有无及大小的问题。

(三) 基本原则

为确保实验设计的科学性，除了对实验对象、处理因素、实验效应做出合理的安排以外，还必须遵循对照、随机、重复的基本原则。

1. 对照的原则

所谓对照就是要设立参照物。因为没有对比，就无法鉴别优劣。在比较的各组之间，除了处理因素之外，实验者应当尽量保证非处理因素不存在差异性，从而确定处理因素的特殊效应。通常实验应当有实验组和对照组，按统计学要求，二者的非处理因素应当完全相同。如实验动物要求种属、性别、年龄相同，体重相近；行为学实验要求实验者不要更换等。只有这样，才能避免实验误差，保证实验结果的准确性。

2. 随机的原则

随机的原则指的是实验对象中的任何一个个体被分到任何一个组中的可能性

是一样的。同时，抽样的过程中要尽量保证样本能够代表总体。另外，还要保证各组样本的条件尽量一致。例如，进行一个药物疗效的实验，观察某种新的抗生素对呼吸道感染的治疗效果，实验组和对照组复制同一程度的呼吸道感染模型，然后给予实验组新的抗生素，对照组给予等量生理盐水。如果动物的分配不是随机进行，把营养状态好和体格健壮的动物放在实验组，把营养和体格不好的动物放在盐水对照组，那么最后得到的阳性实验结果并不能真正反映药物的疗效，很可能是动物体格差异所致。

3. 重复的原则

重复的原则指的是保证样本数量和实验组数、次数充足。若样本量过少，所得的结果不够稳定，结论就不那么可信了；若样本量过多，一方面没有必要，另一方面还会增加工作量，浪费人力、物力资源。因此，应该在保证实验结果具有一定可靠性的前提下，确定最少的样本例数，以节约人力和经费。

关于样本含量估计的方法可参考《体育统计学》。在机能学实验中，通常根据文献资料、预实验结果，结合以往的经验来确定样本含量。重复的第二层意思是指重复实验或平行实验。实验对象有个体差异，仅一次实验很难保证实验的可靠性和可信性，因此重复实验才能得到准确的结论。通过重复，一是可以估计抽样误差的大小，因为抽样误差（即标准误差）大小与重复次数成反比；二是可以保证实验的可重复性（即再现性）。实验需重复的次数（即实验样本的大小），对于动物实验而言（指实验动物的数量）取决于实验的性质、内容及实验资料的离散度。

第三节 实验数据的分析与报告的撰写

一、实验数据的分析

（一）实验数据的收集

通常，实验数据是在实验者查阅有关资料并对实验进行系统、严密的设计后，通过对动物采取某种（或多种）处理或用物理、化学的方法检测而获取的原始数据。实验研究中，主要研究结论大多以实验数据的分析结果作为重要的论据。因此，数据分析也就成为研究过程的关键环节之一。恰当的、充分的、可靠的数据分析则是建立在完整的、准确的实验数据之上的。只有高质量的数据，才谈得上高质量的实验研究。所以，实验数据的完整性和准确性是对实验研究的最根本要求，也是研究人员应该遵循的一个基本原则。

收集资料是统计工作的前提与基础，是指根据研究的目的，按照设计要求，准确、及时、完整地收集所需的原始数据资料。

1. 实验数据收集的原则

（1）实验数据的完整性

数据的完整性是指按照设计要求收集所有实验数据。如果因一些意外原因或不能控制的因素使部分实验数据缺失，则应尽可能地补充这部分实验并获取数据。对于因实验材料短缺，或因资金不足等原因不可补救的实验数据，应做科学合理的处理。数据完整性的另一方面是指应将所有实验数据用于分析过程，不得因某些数据与研究者预期结果有较大差距而随意剔除，或不引入分析过程。如果某些数据确有特异之处，除非有确凿的引致原因（如操作不当所致），否则应依靠统计学方法进行科学判断，以确定这些数据是否属于极端值或异常数据，并确定取舍。

（2）实验数据的准确性

数据的准确性是指实验数据的记录应准确无误。一方面，应避免数据收集过程中出现任何过失误差，如点错小数点、抄错数字、弄错度量衡单位、换算错误等。消除此类错误的办法：在数据记录过程中，除观测者认真记录外，还应有专门的复核者进行审核，以确保数据的准确。另一方面，应杜绝研究者根据个人意愿对数据所做的任何篡改和杜撰。这一现象虽不多见，但其危害极大，应为所有科研工作者所戒。

2. 实验数据的记录与保存

为保证获取高质量的数据，有必要规范实验数据的记录方法。这样，一是可以保持记录数据的整洁和有序，便于日后对数据进行分析与整理存档；二是有利于数据的核查与检查，保证数据的真实性。实验数据的记录至少应包括以下内容。

（1）实验对象编号

有了编号，便于日后核对原始记录。如果实验对象是人，还应列出姓名、年龄、性别等信息。

（2）分组

实验对象的分组应在实验开始前，根据实验设计模型，通过随机化处理（有时宜采用非随机化处理）而确定。

（3）观察指标

观察指标亦称观察变量。用以描述观察对象的一些基本特征，如性别、年龄、体重等，以及表达实验的效应。根据不同的研究目的，观察指标可以少至一个，多至上百个。

（4）记录时间

由于绝大多数实验研究都要经历一个较长的过程，因此，每个实验数据的获取时间有必要记录在案，这样既可以反映实验的全过程和运行轨迹，又可以为分析某些可疑的实验结果提供参考线索。原则上，每个实验数据都应有相应的时间记录。若每个实验对象所有观察指标可以在同一天内获得，则记录纸上列出一列记录时间即可；若每个实验对象的所有观察指标不能在同一天内获得，甚至要间隔数天或更长时间才能获得，则应多列出一列或多列记录时间，或在数据后用括号注明记录时间。

（5）录入和审核人

每页记录纸底端均应留有记录人和审核人的签名处。不但记录人要对所记录的实验数据的真实性和完整性负责，审核人还要对记录人的工作和行为负责。审核人应是记录人的业务主管，一般由项目负责人、项目监督人、研究生导师或毕业生指导教师等担任。实验数据的记录一般格式可参考表4-1。

表 4-1 实验数据记录的一般格式

编号	姓名	组别	指标1（时间）	指标2（时间）	……	时间
1						
2						
……						

实验数据应保存好，即将记录实验数据的文本材料或电子文件妥善保存。

（二）实验数据的整理

实验数据的整理是指把按设计要求收集到的原始资料，有目的、有计划、有步骤地进行科学的加工，使分散的、凌乱的资料条理化、系统化，以便进行统计分析。通常包括以下内容。

1. 实验数据的检查

在对实验数据进行统计分析的过程中，少不了必要的检查和核对。必须要在正式处理数据以前先审查信息，从而保证数据完整、准确、真实、可靠地反映出实验的客观情况。数据的检查与核对一般是指检查数据本身是否存在缺漏，取样是否严格按照实验设计进行，数据是否存在不合理的取值等。

（1）逻辑检查

在数据分析开始时，应首先对数据进行逻辑检查，以保证数据至少不会出现大的偏差，这些偏差可能来自原始数据，可能来自数据录入过程，也可能来自数据转换过程。逻辑检查最简单的方法是根据最大值和最小值来判断，如当某资料身高变量的最大值显示为17.8m时，很可能原始数据为1.78m，这是在记录或录入过程中点错了小数点造成的。

（2）专业检查

专业检查是指从专业角度发现和纠正错误。对于一些不可能发生的数据应该作废。

（3）统计检查

统计检查是指根据数据的统计学规律和要求进行检查，如对某一项数值的有效数字是否一致的检查。

（4）人工检查和计算机检查

人工检查是人为地对每一项数据进行检查和核对，其优点是可以利用人的专业知识和各方面的知识对数据做全面检查，但工作量大，尤其当数据量较大时，难免会出错。计算机检查是将要检查的内容编成计算机程序，由计算机来完成全部数据的检查，这种检查一般只能检查出逻辑性错误。

2. 拟订整理表

整理表是用于原始资料归纳的一种过渡性表格。格式要求不严，应根据研究目的和分组方法来设计，以便进行资料的归纳和汇总。通常把关系密切的几个项目放在一个表格内，使其相互关系表达出来，以说明事物间的规律性，如体质测试中把形态指标身高、体重、皮脂厚度测量数据归为一类，把身体机能指标、身体素质指标分别归类整理。

3. 归组汇总

将原始资料按拟好的整理表分到各组中去，并计算整个调查单位数及各组合计数。一般采用划记法或分卡法。

（1）划记法

将调查表中相同的项目标志用记号记入相应的栏目中。此法方便、易行，但易出差错，并且难核对。一般用于资料少、项目少的归纳分组。

（2）分卡法

用于使用卡片做调查的原始资料。将登记卡片根据分组设计，分别放置于相应的空格内，然后清点各组卡片张数。此法简便，易发现和改正错误。无论采用哪种归组汇总方法，都要随时进行核查，并注意合计栏的数字是否等于样本含量。

4. 实验数据建档

根据实验测量的目的，可以利用计算机统计软件如 Spss、Excel 等对数据建档，以便对各指标的最大值、最小值、中位数、平均值、百分位等有关指标进行统计计算。

（三）数据整理应注意的事项

1）凡属于测量性质的结果，均应以数值和相应的单位描述，不能用定性的语言描述，如高低、长短、轻重、快慢、大小等。

2）为了便于分析、比较，应根据实验的目的和数据特征，正确选择表格或统计图表示实验结果。对于连续型数据，一般可用线形图或条形图表示，如研究足球运动员一次体能训练的过程中心率的变化，用线形图表示结果就比较直观、清晰。对于离散型数据，可采用条形图或圆形图，如研究足球运动爱好者的体育锻炼标准的达标率，使用圆形图就比较直观。

3）在表格、图形中，适当地加上标注，说明组别、性别和类别。必要时，应注明实验条件、地点等。

（四）实验数据的分析

实验数据统计分析是根据实验者的实验设计，采用恰当的数据统计方法对数据进行处理，包括描述、推断等，以揭示事物发展变化的规律。统计方法正确与否，直接影响研究的结果。在足球运动实验数据统计分析过程中，常用的统计方法有以下几项。

1. 描述统计法

通过平均数、中位数反映实验数据的集中趋势。通过标准差、变异系数、极差等反映实验数据的离散程度。

2. 动态分析法

通过对某一指标随时间的推移而发展变化的绝对值、增长值、增长率等进行分析。

3. 指数法

把绝对指标转化为相对指标进行分析比较，如BMI指数、台阶指数等。

4. 参数估计和参数检验

由样本来推断总体，包括两方面的内容，即参数估计和假设检验。参数估计是指利用样本指标统计量对总体指标参数做出推算和判断。统计推断要依据资料的分布类型来选择适当的方法，如 u 检验、t 检验、X^2 检验、F 检验等。

5. 相关分析与回归分析

相关分析是对两个以上的变量之间的相关关系分析，给这种相关关系一种量的描述。回归分析是利用自变量来推断因变量值的方法，如身体成分测量中利用回归方程通过人体密度大小推测体脂百分比。

6. 方差分析

可以通过对两个以上平均数之间的差异进行显著性检验，判断哪些因素作用显著，哪些因素不显著。

二、足球运动实验报告的撰写

（一）实验报告的书写格式

足球运动实验报告的基本书写格式及项目如下。

足球运动实验报告

姓名：_____ 班次：_____ 组别：_____ 实验室：_____ 日期：_____

实验序数和题目：

实验目的：

实验对象：

实验结果：

讨论和结论：

（二）实验报告的常规写作要求

1. 实验报告的基本内容

足球运动实验的实验报告包括如下几个基本内容：实验课题名称、目的、对象、结果及分析讨论。实验器材、注意事项可以省略，实验步骤一般不必详细写出，但如果在对实验结果的描述中有必要说明实验步骤时可在报告上注明。报告文字应当言简意赅，观点明确。

2. 具体写作要求

1）注明姓名、班级、级别、日期、实验室。如有必要，还要记录同组人姓名、室温、湿度、气候等常规数据。

2）写出实验目的。如结果描述需要，则可写出简单原理和意义。

3. 实验方法

只做简述，若存在实验方法和所采用的仪器设备临时变更等突发情况，可简要叙述。

4. 实验结果

这是实验的核心，实验者应当将实验过程中所观察到的现象详细记录，并尽量保证数据的真实性。报告中填写实验现象时必须根据实验过程中所做的记录来进行，切不可单凭人脑记忆，以免错漏。在实验结果中，往往需要采用绘图的方式有条理地表达实验数据，此时应注意以下几项。

1）横轴表示自变量（如功率），纵轴表示因变量（如心率）。

2）坐标应标明数值和单位。根据图的大小确定坐标轴的长短。

3）连续性变化应绘成曲线图，不连续的应绘成直方图，百分比的应绘成蛋糕图。

4）在图上应标注组别、图例等，进行过统计学处理的数据，可标明标准差、差异显著性符号等。

5）在图的下方注明实验条件。

实验讨论和结论的书写不可抄袭书本。引用参考资料时应注明出处。

第四节　足球运动实验常用仪器及技术

一、足球运动生物化学实验的基本操作

足球运动生物化学实验中需要掌握必要的基本操作技术，尽量规范地进行操作，以保证实验结果不受到不规范操作的影响。因此，熟练和掌握生物化学实验的一些基本操作是非常必要的。为此，首先介绍一些常用仪器使用和操作过程中的几项基本技术，并要求学生反复练习以达到熟练程度。

（一）玻璃仪器的洗涤与清洁

玻璃仪器的洗涤会对实验结果造成直接影响，必须要保证玻璃仪器得到充分的清洁。如使用过的烧杯、三角烧杯、试剂瓶、试管等，可先用洗衣粉或肥皂水刷洗，将器皿内外壁细心地刷洗，使其尽量多地产生泡沫，然后再用自来水洗干净，洗干净的标准是玻璃仪器内壁光洁，没有凝结成滴的水珠，最后再采用蒸馏水进行冲洗，反复2～3次，晾干备用。

（二）容器的使用

1. 烧杯

烧杯是用硬质玻璃或特硬玻璃制成的，主要用于溶解较多量的物质或加热较多量的液体。常用烧杯的类型和规格有以下几种（图4-1，表4-2）。

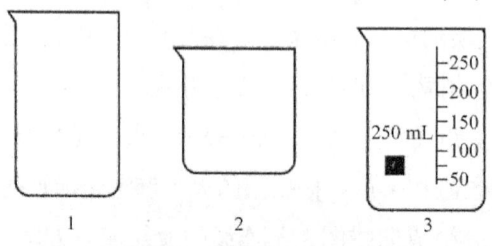

图 4-1　烧杯的类型
1. 高型　2. 低型　3. 印标烧杯

表 4-2　烧杯的规格

类型	规格/mL
低型	50、100、150、200、250、300、400、500、600、800、1000、2000、3000、5000
高型	50、100、150、200、250、300、400、500、600、800、1000
印标烧杯	与低型类似

为了便于在操作过程中定量地保持溶液的体积，有一些烧杯印有容积标线，这就是印标烧杯。其容积标记是近似容积。

使用烧杯应注意下列规则。

1）不能用火焰直接加热。烧杯底面较大，若用火焰直接加热，加热的部位与远离火焰部位温差过大，会使玻璃膨胀不均而破裂，所以用烧杯加热液体时必须垫上石棉网。加热前还需把烧杯外壁擦干。

2）用烧杯加热液体时，液体量以不超过烧杯容量的 1/3 为宜，如用烧杯蒸发溶液时，最好在烧杯上放一个用玻璃棒制成的三脚架，上面再正放一个表面皿，以免液体溅失或落入尘埃。不能用烧杯加热易燃液体，以防发生火灾，也不能用烧杯加热蒸发、挥发性强酸，以免污染环境。

3）不能用烧杯代替茶杯使用，以保证安全。

4）不可在烧杯中长期存放化学药剂。

5）溶解物质用玻璃棒搅拌时，不能触及杯壁或杯底。

此外，为了弥补玻璃烧杯易碰破的缺点，近年来又出现了塑料烧杯。这种烧杯只能用水浴加热，或在不需要加热的实验中使用。

2. 烧瓶

烧瓶常用作加热条件下的反应器或气体发生器。常用的烧瓶有以下几种（图 4-2）。

圆底烧瓶的特点是瓶底厚薄均匀，能够承受一定的压力。加热的时候即使瓶内仅盛入少量液体也不会导致瓶身破裂。圆底烧瓶常充当必须用于煮沸或加热的反应容器，也常充当喷泉实验的仪器。

平底烧瓶的特点是可以平稳地放置于桌面，因此可用来装配洗瓶。平底烧瓶的底部边缘棱角应力大，加热时容易炸裂，故一般用作不加热的反应器。

克氏蒸馏烧瓶，用于减压蒸馏。当减压蒸馏发生突沸时，冲出的液体只能有一部分进入权管，并再次回流入烧瓶。若用一般蒸馏烧瓶，冲出的液体可能进入支管，使蒸馏受到破坏。

凯氏烧瓶专门用于"凯氏定氮法"的第一步。

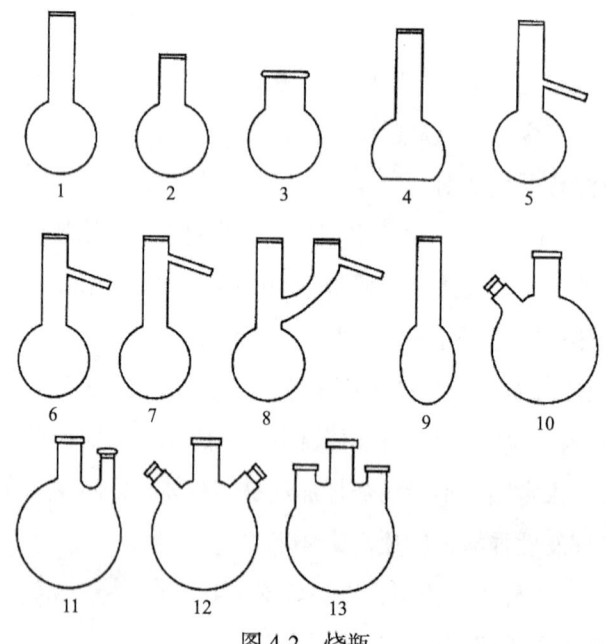

图 4-2　烧瓶
1. 细口长颈圆底烧瓶　　2. 细口短颈圆底烧瓶　　3. 广口短颈圆底烧瓶
4. 细口长颈平底烧瓶　　5～7. 蒸馏烧瓶　　8. 克氏蒸馏烧瓶
9. 凯氏烧瓶　　10、11. 两口烧瓶　　12、13. 三口烧瓶

3. 试剂瓶

试剂瓶有广口瓶、细口瓶与滴瓶之分。

广口瓶（图 4-3，1）用于盛装固体药剂，瓶口大，取、装固体比较方便。广口瓶有无色和棕色两种，见光易分解的固体物质应使用棕色瓶。广口瓶有磨口瓶塞和无塞两种。规格以容量计有 30 mL、60 mL、125 mL、250 mL、500 mL、1000 mL、2000 mL、3000 mL、5000 mL、10 000 mL 等多种。

使用注意事项：

1）不能对试剂瓶进行加热。

2）不可将不同试剂瓶的瓶塞调换使用。

3）盛固体烧碱时应用橡皮塞塞紧。

4）不使用时应在瓶口磨砂面加上纸条，以防粘连。

图 4-3　试剂瓶
1. 广口瓶　　2. 细口瓶　　3. 滴瓶

细口瓶（图 4-3，2）用于盛装液体试剂，有无色和棕色两种。见光易分解的试剂应使用棕色瓶，如硝酸银溶液。细口瓶均有磨口玻璃瓶塞。细口瓶的规格以容量计有 30 mL、60 mL、125 mL、250 mL、500 mL、1000 mL、2000 mL 等多种。细口瓶盛装碱溶液时应使用胶塞，以免粘连。

滴瓶（图 4-3，3）分无色和棕色两种，有 30 mL、60 mL、120 mL 三种规格，盛放少量液体试剂。

取液时，先取出滴管，捏紧胶头，排除空气和液体，再从瓶中吸取适量液体。

滴管取出后，不可平放和倒放，滴试剂时，滴管下端切勿接触接收器皿，用后立即放回原瓶。

4. 试管

试管盛取少量药品，用于化学、生物、物理、医学、工业等的实验。根据实验条件不同，试管有普通试管和硬质试管两种。普通试管可用一般玻璃制成，这种试管只能用于不加热的实验，或者进行沸点不高的溶液实验。硬质试管是用硬质玻璃或特硬玻璃制成，适用于加热固体。做浓酸、浓碱、贵重物质的实验时，也应使用硬质试管。

试管一般有三种样式，即一般试管、刻度试管、具支试管（图 4-4）。一般试管用于一般的化学实验，刻度试管便于控制液体药剂的体积，兼有小量筒的作用，具支试管可作小量蒸馏用或作小量洗气用。

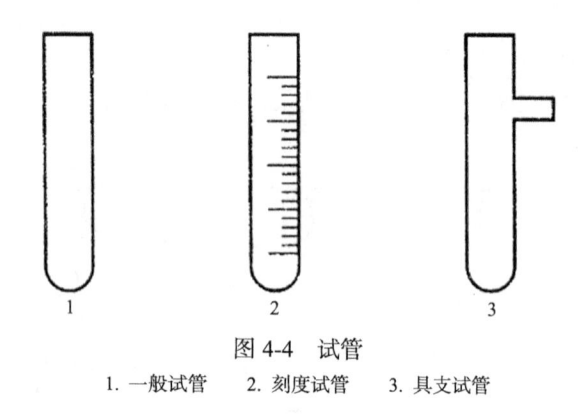

图 4-4　试管
1. 一般试管　2. 刻度试管　3. 具支试管

使用试管应注意下列规则。

1）用试管盛液态的药品时，要注意药品量不能超过试管容量的 1/3，在对试管进行加热时应采用试管夹夹持，且试管与台面保持约 40°角。试管口不能对着人。

2）试管加热前，应把外壁擦干，以防试管受热不匀而炸裂。

3）块状或颗粒状且密度又大的物质，应倾斜试管，使之沿试管壁慢慢地滑下，以防砸破试管底。

4）加热试管中的固体时，应先预热，然后固定加热。为防止湿存水或分解水冷凝回流到灼热试管底部，试管口应稍向下倾斜。

5）干烧过的试管不能立即放回试管架，因灼热的试管底部可能遇湿而炸裂，如果是塑料试管架则会被烫熔而出现洞。应该放在石棉网上，让其慢慢冷却。

6）管底不能接触酒精灯的灯芯。

7）振荡时用拇指、食指、中指夹持管的上端，用腕力甩动试管底部。

（三）量器类的使用

量器是指对液体体积进行计量的玻璃器皿，如滴定管、吸量管、容量瓶、量杯、量筒、刻度离心管及自动加液管等。

1. 滴定管

滴定管分常量与微量滴定管。常量滴定管又分为酸式与碱式两种，各有白色、棕色之分。酸式滴定管常用作酸性溶液、氧化性溶液、盐类溶液的滴定容器；碱式滴定管常用作碱性溶液的滴定容器。棕色滴定管专门用于盛见光易分解、需要避光的溶液。常量滴定管的容积有 20mL、25mL、50mL、100mL 四种规格。微量滴定管分为一般微量滴定管和自动微量滴定管，容积为 1mL、2mL、5ml 等规格，刻度精度因规格不同而有所区别。

滴定管主要用于容量分析，它能准确读取试液用量，操作比较方便。注意，正确读取容积刻度是减少容量分析实验误差的重要措施。不同溶液的读数方法有所不同，如无色液读取数据是溶液弯月面最低点水平线与刻度线重合点。

2. 吸量管

吸量管是生物化学实验最常用的仪器之一，它可准确地量取溶液的体积。

（1）分类

常用的吸量管可分为三类：奥氏吸量管、移液管、刻度吸量管。刻度吸量管分全流出式与不完全流出式两种。全流出式一般包括尖端部分，如果想要将全流出式的吸量管内液体全部放出，则需要将残留在管尖的液体进行吹出，吸量管上端一般标有"吹"字。不完全流出式其刻度不包括吸量管的最后一部分，放液后残留在管尖的液体不必吹出，吸量管上端未标有"吹"字样。

（2）吸量管的使用方法

吸量管的使用方法包括选择、执管、取液、调准刻度、放液、洗涤等。

使用吸量管应注意以下几点。

1）吸溶液时，尖嘴应深入液面约 10 mm，并随液面的下降而下降，保持尖嘴始终在液面下约 10 mm。

2）吸管用毕，在短期不再使用时，应洗净收好，防止尖嘴碰坏。尖嘴如已损坏，则不能再用。

3. 容量瓶

容量瓶也叫量瓶（图 4-5），属于精密量器，主要用于配制一定浓度的溶液（物质的量浓度）。容量瓶颈上刻有标线，表示在 20℃，溶液装至标线的容积。目前有 10 mL、25 mL、50 mL、100 mL、250 mL、500mL、1000 mL、2000 mL 几种规格，并有白色、棕色两种颜色。

使用方法：使用容量瓶之前首先应当进行检漏工作，漏水等的容量瓶则不可使用。容量瓶的瓶塞应用细绳系于瓶颈，不

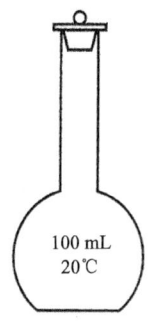

图 4-5 容量瓶

同容量瓶的瓶塞不可调换使用。瓶内壁不得挂有水珠,所称量的物质若为固体物质,则必须采用小烧杯进行加热溶解,溶解后自然冷却到室温再转移到容量瓶中。

使用容量瓶的规则:

1)容量瓶不允许加热。

2)磨口瓶塞应用结实的细绳拴在瓶颈上。

3)容量瓶使用前应先进行密合性实验。按容量瓶容量加水,把口、塞擦干并塞紧瓶塞。用手轻压瓶塞,使瓶塞向下倒立,停留10s。然后用滤纸擦瓶口,看是否渗水。若不渗水,方可使用。

4)配制溶液时,应先将称好的固体溶质在干净的烧杯中用部分蒸馏水完全溶解。在溶解过程中如有温度变化,必须等温度恢复室温后再把溶液转移到容量瓶中。此后烧杯应采用蒸馏水冲洗,并将冲洗液也转移到容量瓶中,反复2或3次。然后分几次加蒸馏水至接近标线,每次加水后都应将瓶塞塞紧,再把量瓶摇匀。最后改用胶头滴管滴加蒸馏水至标线并反复颠倒摇匀。配制好的溶液,应储存在试剂瓶中。

5)用毕的容量瓶应及时洗净,塞上塞子,并在磨口与瓶塞之间垫一纸条,以防再用时不易打开瓶塞。

4. 量杯、量筒

量杯(图4-6,1)是生物化学实验中常用的玻璃量器,量杯的分度数值自下而上排列,上密下稀,表示全容量的数值刻于最上方,有5 mL、10 mL、20 mL、50 mL、100 mL、250 mL、500 mL、1000 mL、2000 mL的规格。

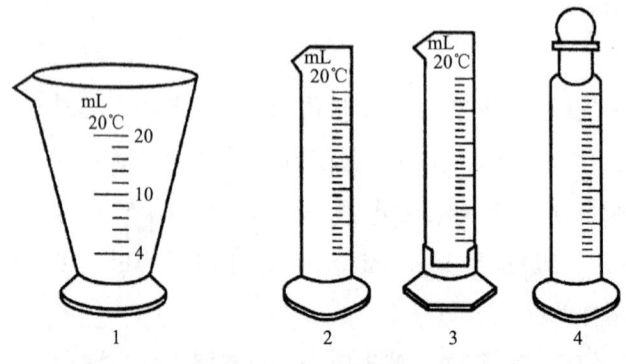

图4-6 量杯和量筒
1. 量杯　　2~4. 量筒

量杯口大，底座较重，可以直接将固体放入杯中配制溶液（能溶于水、不大量放热的固体）。量杯是测量精度较差的量器，只能在测量精度要求不高的条件下使用，不能加热。

量筒（图4-7，2~4）是化学实验中常用量器，它的测量精度稍高于量杯，但仍属粗量器，可用来量取要求不太严格的溶液体积。

量筒分度表的数值自下而上排列，数值自全容量数值的1/10开始，如50 mL量筒的最低标线为5 mL。在配制要求不太准确的溶液浓度时，使用量筒比较方便。量筒有5~2000 mL十余种规格。选用量筒应根据实验需要选择合适的规格。读取刻度的方法与容量瓶和滴定管相同。

使用注意事项：

1）量筒不可进行加热，不可盛取热的液体，也不可做反应容器或稀释的容器。

2）应根据量取液体的多少选用大小适当的量筒。

3）量液时必须把量筒放平稳。

4）量筒没有"0"刻度，一般起始刻度为总容积的1/10。

5）读数时应使视线与量筒内液体的凹液面最低处保持水平。

（四）移液器的使用

移液器常用于生物化学实验，用作多次重复快速定量移液。移液器可仅用一只手进行操作，因此使用起来很方便。移液器分为固定容量移液器和可调式自动取液器两种。

使用时，在取液器下端插上一个塑料吸头，并旋紧以保证其气密性，然后四指并拢握住取液器上部，用拇指按住柱塞杆顶端的按钮，向下按到第一停点，将取液器的吸头插入待取的溶液中，缓慢松开按钮，吸上液体，并停留1~2 s（黏滞性大的溶液可加长停留时间），将吸头沿器壁滑出容器（图4-7），用吸水纸擦去吸头表面可能附着的液体，排液时吸头接触倾斜的器壁，先将按钮按到第一停点，停留1 s（黏滞性大的溶液要加长停留时间），再按压到第二停点，吹出吸头尖部的剩余溶液，如果不便于用手取下吸头，可按下吸头的推杆，将吸头推入废物缸。

图 4-7　自动取液器示意图

（五）一般操作方法

1. 溶液的混匀

试剂的混匀是充分反应的必要条件，如果手动混匀还不够，可借助机械设备。混匀方法如下。

1）搅动混匀法。适用于混匀烧杯内盛的溶液。

2）旋转混匀法。适用于锥形瓶、大试管内溶液的混匀。手持容器使溶液做离心旋转。

3）指弹混匀法。适用于离心管或小试管内溶液的混匀。左手持试管上端，用右手指轻轻弹动试管下部，或用一只手的大拇指和食指持管的上端，用其余三个手指弹动离心管，使管内的液体做旋涡运动。

4）振荡混匀法。适用振荡器使多个试管同时混匀，或将试管置于试管架上，双手持管架轻轻振荡，达到混匀的目的。

5）倒转混匀法。适用于有塞量筒和容量瓶及试管内容物的混匀。

6）吸量管混匀法。用吸量管将溶液反复吸放数次，使溶液混匀。

7）甩动混匀法。右手执持试管上端，用手腕力量轻轻甩动试管，使其振荡混匀。

8）电磁搅拌混匀法。采用电磁搅拌机进行混匀。这种混匀方法常用于酸碱自动滴定和 pH 梯度滴定实验。

2. 过滤法

过滤法专门用来分离沉淀和滤液。可用漏斗及滤纸吸滤法。过滤法的操作也有一定的注意事项，如向漏斗中加溶液时，使其沿玻璃棒慢慢流下，玻璃棒不能在漏斗中搅动；倒入液体应缓慢，以免造成药品损失；等等。

3. 加热法

可直接用火（电炉）或水浴加热，使用水浴时防止浴中容器倾倒。酒精灯使用时应注意：①禁止"头碰头"点燃。②用过后先用盖子盖一下，灭后再拿下重盖，防止形成真空，盖子打不开。③加热时管口不要对着人。④加热时管夹夹住试管的上 1/3 部分，均匀加热，再固定管底加热。

4. 烤干法

烤干试管时，应将管口向下倾斜约成 45°角，由上往下，先烤管底，最后将管口的水分烤干。烤干时需经常移动以免炸裂。试管等普通玻璃器材也可在烘箱内烘烤干。

二、实验样品的采集与制备方法

在运动生物化学实验中，常需要采集人或实验动物的血液、尿液或其他体液，有时还需要选用实验动物的肌肉、肝、肾、脑、黏膜等组织进行生物化学分析。因此，实验样品的正确采集与制备是运动生物化学实验必备的重要操作技术。

（一）人体实验样品的采集与制备

1. 尿液标本

（1）新鲜尿液

采集新鲜中段尿 100 mL 左右，置于清洁容器中，标本应尽快检测（最好在 0.5 h 内检测，常温下不得超过 2h）。

（2）24 h 尿液

如做定量检查，应收集 24 h 尿液。其方法如下：先加少量甲苯（0.5～1 mL/100 mL 尿液）于一经消毒液浸泡过并用开水清洗过的清洁容器内。上午 7：00，让被测人排尽尿，弃去。从该日 7：00 到次日上午 7：00，让被测人将每次排出的尿液全部收集在此容器中，将尿液充分混匀。最后用量杯量尿，记下总量，从中取尿液 100～200 mL 置于清洁大试管内待检。

（3）尿液样品的保存

尿液如不能及时检测，应立即置于 4℃冰箱中保存，但不能超过 8 h。根据需要，也可低温冰冻保存，但在低温保存时，有些成分（如尿酸盐）会沉淀析出，影响其化学成分的测定。

2. 血液标本

（1）全血

当需要微量血液进行检测时，可采集末梢血，常用部位有指端或耳垂。用75%酒精消毒手指（一般用左手无名指）或耳垂皮肤，待干后，用一次性专用采血针刺入皮肤1.5～2 mm，使血自然流出，或在刺口远处稍加挤压，擦去第1滴血，用经校准过的微量吸血管准确吸血至所需要刻度（一般10～20μL），擦去管尖周围的血后，迅速轻轻挤入待测试管液面下并立即摇匀。采血完毕后，针刺处应用消毒棉球压迫止血。

需要全血量较大时，必须由专业人员采集静脉血后，加入适当的抗凝剂以防止血液凝固。一般将血液取出后，迅速注入含有抗凝剂的试管中，轻轻摇动，使血液与抗凝剂充分混合（注意避免剧烈摇动，否则将引起溶血）。全血制备后如不能立即进行实验，应储存在冰箱中备用。

常用的抗凝剂种类很多，选用何种抗凝剂应根据实验目的和要求而定。

1）枸橼酸钠（0.109 mol/L）：枸橼酸钠能与血液中的钙离子形成可溶性的络合物，从而阻止血液凝固，抗凝剂与血液之比通常为1∶9。因枸橼酸钠溶解慢，故只能配成溶液，不能用粉剂。

2）草酸钾：在抗凝剂中，草酸钾是比较常见的药品，常用于非蛋白氮等测定，但不适用于钾和钙的测定。通常是先配成10%草酸钾溶液，分装于小瓶或试管内，每瓶0.2 mL，在80℃以下烘干后加塞备用（可抗凝10 mL血液）。如抽血不超过5 mL，每瓶加10%草酸钾0.1 mL即可，不宜过多。

3）草酸钾-氟化钠混合剂：血液内若干化学成分（如血糖）离体后易为活细胞分解，影响测定结果。草酸钾-氟化钠混合剂可抑制糖酵解中烯醇化酶的活力，常用于血糖等测定。配制方法：草酸钾6g、氟化钠3g，加蒸馏水至100 mL。分装于小瓶或试管内，每瓶0.25 mL，置80℃以下烘干，抗凝5 mL血液。

4）乙二胺四乙酸二钠（EDTA-Na_2）：是一种钙络合剂，其有效抗凝浓度为1～2 mg/mL血液，适用于一般血液学检验。

5）肝素：肝素是一种含有多个硫酸基团的黏多糖，是一种天然抗凝剂。使用时，先配制 10 mg/mL 肝素生理盐水溶液，每管加 0.1mL 横向转动试管，湿润试管壁后 80℃以下烤干备用，可抗凝 2～5 mL 血液。

（2）血浆

抗凝的全血在离心机中离心，使血细胞下降，如此得到的上清液为血浆。质量较好的血浆为淡黄色。制备血浆时，为避免产生溶血，必须用干燥清洁的采血器和血管，并尽可能减少振摇。

（3）血清

不加抗凝剂的血液，室温下自然凝固，所析出的草黄色液体为血清。在制备血清标本时，关键在采血及分离过程中防止溶血，采血器及针头应干燥、无菌。采血后应将针头取下，将血液沿试管壁慢慢注入，静置 30 min 后血液凝固，血清可自然析出，也可经低速离心分离血清。如需保存，应及时将血清分离出来，切不可全血冰冻。

（4）无蛋白血滤液

血液内蛋白质含量非常丰富。分析血液中非蛋白质的各种成分（非蛋白氮、葡萄糖、肌酸）时，为了避免蛋白质干扰测定结果，需预先除去血液中的蛋白质成分。血液中加入蛋白质沉淀剂之后经离心或过滤得到的上清液或滤液称为无蛋白血滤液。

除去蛋白质的方法很多，一般可分为两类：一类是使蛋白质经脱水而沉淀，如有机溶剂（甲醇、乙醇、丙酮等）及中性盐（硫酸铵、硫酸钠、氯化钠等）沉淀法；另一类是使蛋白质形成不溶性的盐而沉淀，常用的沉淀剂有三氯乙酸、钨酸、磷钨酸、苦味酸以及金属离子 Zn^{2+}、Cu^{2+}、Hg^{2+}等。

钨酸沉淀剂常用10%钨酸钠 50 mL、$\frac{1}{3}$ mol/L 硫酸 50 mL、85%磷酸 0.05 mL，加水 800 mL 配制而成。一般可用 2 个月左右，如出现浑浊即失效；在进行实验时以此液与全血或血浆、血清以 10∶1 或者 20∶1 稀释即可。用吸管吸血时放血要慢，加入试剂后充分混匀。静置 10min 后离心沉淀，取上清液备用。此滤液适用于葡萄糖、非蛋白氮、肌酸、肌酐及尿酸等测定。而用 10%三氯醋酸作蛋白沉淀剂，所得的滤液呈酸性，利于钙磷的溶解，因此在测定血清离子含量时常采用。

（二）动物实验样品的采集与制备

1. 实验动物的常用麻醉方法

运动生物化学动物实验中最常用到大鼠、小鼠及兔等。为减少动物的挣扎并便于操作，常对实验动物采取必要的麻醉。

2. 大鼠与小鼠血液的采集

大鼠与小鼠血液的采集方法包括鼠尾采血、眼眶静脉丛采血、断头采血等方法。例如，鼠尾采血可剪掉尾尖（0.2~0.3 cm），或用7~8号注射针头直接刺破尾静脉，拭去第1滴血。然后用微量吸血管定量吸取尾血。采血完毕用干棉球压迫止血。

3. 兔血液的采集

兔血液的采集方法包括耳缘静脉采血、心脏穿刺采血、股动脉采血等。

4. 实验动物组织样本的采集与制备

（1）组织样本的采集与保存

生物组织内往往含有大量的活性物质，这些物质功能的发挥依赖于母体，因此离体的组织在采集的时候必须要注意操作环境的温度不能过高，并且操作要尽快完成，以免生物活性物质的量及活性迅速降解。采集的组织样本若不能即刻制备组织匀浆或组织糜，须将采集的组织样本立即放入液氮罐速冻后，转入至-80℃冰箱中保存备用。

（2）组织样本的制备

1）组织糜：将组织剪碎，用捣碎机绞成糜状，或者加入少量黄沙于研钵中，研磨至糊状备用。

2）组织匀浆：取定量组织剪碎放入样品管，加入适量预冷匀浆制备液，用高速组织匀浆器匀浆。在匀浆过程中，匀浆器的杵头会因高速运转而发热，因此应当将样品管置于冰水中采用短时多次的方法（10 s/次，间歇20 s，反复3~5次）进行匀浆。必要时还可用超声粉碎仪进行细胞破碎（如Soniprep150超声破碎仪，振幅14μm，30 s）。

常用的匀浆制备液有生理盐水、0.01 mol/L Tris-HCl 缓冲液（pH7.4），和0.01 mol/L 的蔗糖溶液等。

3）组织浸出液：上述组织匀浆经冷冻离心机离心（4℃，2000 r/min，10 min），可分离出上清液即组织浸出液。

第五章　高校足球运动的基础实验

第一节　人体形态测量

一、实验目的

1）掌握 4 种骨的形态及结构特点。

2）掌握关节的结构和分类及各类关节的形态结构特征。

3）熟悉骨骼肌的分类，掌握其基本结构及辅助结构。

二、实验内容

1）观察 4 种骨的形态，理解骨的分类方法及其形态结构特征。

2）观察关节结构和关节分类模型。

3）观察骨骼肌的分类和结构。

三、实验器材

人体骨架标本、4 种形态的骨标本及其剖面标本、人体关节分类标本模型、各类关节标本。新鲜猪股骨和关节标本。器械盘、止血钳、镊子、手术刀柄、手术刀片、一次性手套。

四、实验方法

1）每 2 个学生一组，根据教材和实验指导仔细观察标本，观察骨和关节的分类及其形态结构特征,观察关节的基本结构及辅助结构,观察骨骼肌的分类、基本结构及辅助结构。

2)进行新鲜猪股骨和关节标本解剖,观察骨、关节、骨骼肌的基本结构。

3)实验结束前半小时进行实验抽查考试。

五、实验步骤

(一)观察骨的形态

长骨、短骨、扁骨和不规则骨的形态有所不同,据此在散骨标本中找出上述骨头各1块,区别此4块骨各自的形态结构特点。对于人体全身骨架上的骨,进行4种形态的骨的分类,掌握长骨、短骨、扁骨和不规则骨的形态特征与分布。长骨有明显的一体两端,此类骨多分布于上肢和下肢。两端膨大的部分,称为骺。注意观察长骨两端(骺端)游离面较为圆滑的关节面;短骨一般呈立方形,多群居于腕部和踝部。扁骨呈薄板状,面积大,一般分布于中轴和四肢带部,如颅顶骨、胸骨和位于胸廓后面上外侧的肩胛骨。不规则骨呈不规则形,如构成脊柱的椎骨。结合观察4种形态骨剖面标本,注意4种形态骨的骨密质与骨松质的分布情况。

(二)观察骨的结构

解剖新鲜猪骨,观察以下结构。

1)用解剖镊将骨体表面的骨膜撕开,观察骨外膜。

2)观察剖开骨两端关节面覆盖着关节的软骨。仔细观察骺端的骨松质骨小梁排列特点,辨认出压力线和张力线。

(三)观察关节分类模型

取人体关节分类模型和关节标本,可见只绕一个轴运动的是单轴关节,单轴关节按关节面形状又分为屈戌关节(如指关节)和车轴关节(如桡尺近侧关节);绕两个轴运动的是双轴关节,双轴关节按关节面形状又分为椭圆关节(如桡腕关节)和鞍状关节(如拇指腕掌关节);绕3个轴运动的是多轴关节,多轴关节按关节面形状又分为球窝关节(如髋关节)和平面关节(如肩锁关节)。

（四）观察关节的结构及辅助结构

取动物（猪）新鲜的关节观察：可见关节囊包裹在关节面周围，封闭关节腔。在关节两侧，用刀轻轻剥离关节囊，见有囊壁明显增厚的部分，为韧带。将关节囊打开，可见关节腔内有少许滑液，关节面显得特别光滑，用手触摸关节面有光滑感，用刀片可以把表面的关节面软骨削掉。思考关节面软骨及滑液的作用。

观察人膝关节标本，辨认关节内软骨（半月板）、韧带（交叉韧带、髌韧带）、滑膜襞、滑膜囊等结构，观察肩关节和膝关节的标本或模型，观察韧带和关节唇，思考这些辅助结构的作用。

（五）观察骨骼肌的分类与基本结构

取人体全身肌肉模型，根据肌肉外形骨骼肌可分为4类，观察4类骨骼肌的分布，长肌比较长，主要分布于上肢和下肢；短肌分布于躯干深部，如肋间肌，相对比较短；扁肌肌肉扁而薄，主要分布于胸腹壁，如胸大肌、背阔肌；轮匝肌分布于孔或裂周围，是由环行肌纤维构成的肌肉，如口轮匝肌。

从肌束排列方向上看，有肌束与肌肉长轴排列一致的梭形肌，如位于大腿前面及内侧面呈扁带状的缝匠肌和位于上臂前面的肱二头肌等。还有肌束与肌肉长轴呈锐角排列的羽状肌，如半羽状肌（如大腿后面的半腱肌）、羽状肌（如大腿前面的股直肌）和多羽状肌（如肩上的二角肌）等。

从肌肉位置上看，可见胸肌、腹肌、肋间肌和臀肌等。从肌肉起止点附着部位上看，还有肱桡肌（起于肱骨，止于桡骨）和胸锁乳突肌（起于胸骨和锁骨，止于颞骨乳突）等。

从肌肉跨过关节的数目上看，可见单关节肌、双关节肌和多关节肌。例如，跨过一个关节的肌肉有肱肌，称为单关节肌；跨过两个关节的肌肉有肱二头肌，称为双关节肌；跨过两个以上关节的肌肉有指浅屈肌，称为多关节肌。

（六）观察骨骼肌的基本结构及辅助结构

取骨骼肌结构模型或动物新鲜肌肉观察：可见骨骼肌一般是由中部的肌腹和肌腹两端的肌腱两部分构成的。将肌腹做一横切面进行观察，可见肌腹是由许多肌纤维集合成为肌束；许多肌束聚合成肌腹。在肌纤维、肌束和肌腹的表面包裹着一层薄膜，分别称为肌内膜、肌束膜和肌外膜。这3层膜向肌腹两端延伸构成肌腱或扁平状的腱膜。

取骨骼肌的图片或标本观察骨骼肌的4种辅助结构，筋膜、腱鞘、籽骨、滑膜囊的结构，认识它们的功能。

第二节　心血管系统测量

心血管系统由心脏和血管两部分组成，在维持正常的血液循环，确保各组织、器官的血液与营养物质的供应等方面具有重要作用。长期运动训练有利于机体的形态和功能产生良好的适应性变化。因此，了解运动员心血管系统的机能状态对实施运动训练监测、制订科学的运动训练计划以及评价运动训练效果等具有重要意义。

目前，经常采用心率、血压、心电图和心功能等指标来衡量人体心血管系统的机能水平。

一、心率测试

（一）目的和原理

心率（HR）是指心脏每分钟搏动的次数。安静状态下，正常成年人心率为60～100次/分。每个人的心率水平受年龄、性别、心理素质、所处状态等因素的影响。优秀的耐力性项目运动员，安静时心率较慢。运动时，心率会因为机体运动刺激而增加，不同的机能状态和训练水平下会有不同的心率，因此心率可作为机体循环系统功能水平的评价指标。在运动训练中，常用心率来反映运动强度和生理负荷量，并用于运动员的自我监督或医务监督。常用的心率有基础心率、安静时心率、运动时心率和运动后心率。

1）基础心率：清晨基础状态下的心率。

2）安静时心率：空腹安静状态下的心率。优秀的耐力性运动员安静时心率可达40次/分以下。

3）运动时心率：分为极限负荷心率（心率达180次/分以上）、次极限负荷心率（170次/分左右）和一般负荷心率（140次/分左右）。定量负荷和最大负荷运动时，心率水平可用来衡量机体是否适应了运动负荷。

4）运动后心率：运动后心率的变化可反映机体的恢复情况。通常，人的脉搏和心率一致，因此实际工作中经常用脉搏数代表心率。

（二）实验器材

听诊器、秒表、心率表。

（三）实验步骤

1. 扪诊法

主要部位有以下几项。

1）颈动脉。在颈部，与喉头平齐的左右两侧。只触摸一侧颈动脉即可。在颈动脉测试心率时，用力不宜过重。

2）颞动脉。在头部两侧，耳前上部。此方法多用于水上项目或运动后。

3）心前区。位于左心前区心尖部，多用于运动后。

4）桡动脉。在腕部，手掌面，与拇指根部在同一直线上。多用于安静时心率的测量。

5）肱动脉。位于上臂，肱二头肌内侧，腋窝下部。

2. 听诊法

在一个心动周期中，心肌收缩、瓣膜开闭、血液流动冲击瓣膜以及血管壁机械震动所产生的声音，可通过周围组织传递到胸壁。如果把听诊器的听头放在受试者胸前壁左下部（心尖部），即可听到心音，进而测试受试者的心率。通常测试的方法是令受试者坐于测试人员对面，将听诊器听头置于受试者心前听诊，记录1分钟的心率次数。

3. 心率表法

系好心率发射带，打开心率表，选择所需程序和方法，便能测出心率数据。

4. 心率遥测法

利用心率遥测可准确地测试运动员在运动过程中心率的变化情况，为教练员提供运动员训练过程中机能变化的即时信息，为教练员科学地监控运动训练、调整训练计划提供参考依据。

（四）注意事项

1）测试安静时心率，受试者在测试当天应避免剧烈运动，待受试者静坐至安静时方可进行测试。为了避免外界因素的影响，每次测试的环境条件应保持一致。

2）测试运动时心率，应选择心率表法。测试前应佩戴好心率发射带，以免影响测试结果。

3）测试运动后心率时，应选择心率表法。如果采用扪诊法，可根据心跳 20 次计测时间的方法来测试，即根据心跳 20 次所需要的时间来测定心率。

4）使用心率遥控系统时，一定要先将粘贴电极处的皮肤用酒精擦拭干净，并涂适量的导电膏，确定电极粘贴良好后方可进行测试。

（五）在运动实践中的应用

心率可反映机体的代谢水平，测定运动员不同状态下的心率及其变化，在运动实践中具有重要意义。

1）随着训练水平的提高，若运动员能够适应训练，那么基础心率应逐渐减慢。

2）运动训练，特别是耐力训练，可使安静时心率减慢（即窦性心动徐缓）。训练水平比较高的耐力性项目运动员，安静时心率最低可达 36 次/分。由于窦性心动徐缓是运动员在长期运动训练的影响下，心血管系统机能良好适应性变化的结果，因此，窦性心动徐缓可作为评定运动训练效果的参考指标。在实践中可采用自身前后比较的方法评定运动训练效果。

3）评定运动强度的指标，心率与运动强度呈正相关关系。

4）运动后心率水平能够反映运动员机能的恢复水平。

5）评价运动训练效果的指标，定量负荷运动时，心率增加幅度越小，训练水平越高。

二、血压测试

（一）目的和原理

血压是指血液在血管内流动时对血管壁的侧压力。动脉血压的测定方法，有直接测定法和间接测定法，由于间接测定法具有无创、易测定的特点，因而在临床上被广泛应用。通常情况下，血液的流动是不发出声音的，当利用外部力量压迫血管，并使压力超过收缩压时，肱动脉血流被完全阻断，此时，利用听诊器在肱动脉远端即听不到声音。此时逐渐减低对血管的压迫力量，当脉带内压力等于或略低于肱动脉的收缩压时，才有少量的血液流过受压血管狭窄处形成涡流而发出声音，这种声音可从听诊器中听到，此时压脉带内的压力即为收缩压。继续减低对血管的压迫力量，当压脉带内的压力等于或略低于舒张压时，则血管内的血流由断续变成连续，声音突然由强变弱或消失，此时压脉带内的压力即为舒张压。

（二）测量部位

测量部位为右臂肱动脉。

（三）实验器材

实验器材为血压计、听诊器。

（四）实验步骤

1）让受试者脱去右臂衣袖，松开血压计打气阀螺栓，驱出压脉带内残留气体后关闭打气阀。

2）让受试者前臂平放于桌面上，掌心向上，将压脉带绑在受试者的上臂，其下缘应在肘关节以上约3cm处，松紧应适宜。

3）以手指扪寻肘窝处的肱动脉，然后把听诊器的听头放在肱动脉上。

4）用打气球向压脉带内打气，随着压脉带内的压力升高，可在听诊器中逐渐听到具有节奏性的声音，继续打气直到声音消失，再人工使压力升高 20～30mmHg，此后再徐徐放气。

5）放气时，应注意听诊器中是否开始发出具有节奏性的声音，刚开始出现声音的时刻，水银面所指示的压力即为收缩压。

6）继续放气的过程中，当听诊器中突然变音或声音消失时，水银面所指示的压力即为舒张压。

7）记录所得结果，如收缩压为 110mmHg，舒张压为 60mmHg，可表示为110/60mmHg。

参考值：

安静状态时，我国健康成年人收缩压为 80~120mmHg，舒张压为 60~80mmHg。脉压为 30~40mmHg，平均动脉压为 100mmHg 左右。安静时，如果血压持续高于 160/95mmHg，即可认为是高血压；在 140/90~160/95mmHg 为临界高血压；血压低于 90/50mmHg 者，则是低血压。

（五）注意事项

1）室内必须保持安静，以利听诊。

2）受试者必须静坐，压脉带应与心脏处于同一水平。

3）水银血压计使用前应进行 0 点校正。

4）测量前受试者应避免进行任何剧烈运动。

5）受试者的衣袖不能过紧，以免压迫动脉。

6）测量血压时，需连续测量 2~3 次，取其最低值。如果血压值超过正常范围，应让受试者休息 10min 后进行复测。

（六）运动实践中的应用

1）长期训练的耐力性项目运动员，可出现安静时血压减低的现象，称为运动性低血压。一般收缩压可降到 85~105mmHg，舒张压可降到 40~60mmHg，脉压不变或加大。这是长期运动训练造成的血管舒张机能改善、心肌收缩力量增强以及机能节省化的结果。当运动员安静时舒张压＞90mmHg、收缩压＞130mmHg 时应引起注意。

2）晨起前卧床血压和安静血压应该较为稳定。当测得晨起卧床血液高于同龄人水平并且这种情况持续一段时间，又找不到其他可能导致血压升高的原因，即提示运动负荷可能过大。当运动员机能出现不良反应时，能够从一些外显的表现看出，如出现梯形反应，即运动后恢复期内第一分钟的收缩压上升不高，比恢复期第二或第三分钟低，以后逐渐下降。心率明显升高，舒张压上升或不变。血压和心率的恢复时间明显延长；出现无休止音，即在运动后舒张压下降至 0 时仍能听到音响等。

3）在长时间大强度专项和力量训练时，若运动员舒张压上升后不进行及时调整，血压即有可能继续上升，伴随而来的是运动员失眠、头痛、训练意志减弱、专业素质下降等不良现象，这提示运动员机能状态下降。

4）定量负荷运动训练的前后，运动员血压和心率会有所改变，这种改变提示着运动员的心血管机能情况。

三、心电图测试

（一）目的和原理

当人体心肌产生兴奋时，电位即出现变化。心脏的兴奋是系统性的，因此出现的电位变化也是系统性的，这种电位变化会在心脏周围组织和全身体液表现出来。因此，在人体的体表采用一定的方法即可记录下这些电位的变化，形成的变化图形即为心电图。对心电图进行分析常出现在心功能诊断中。

（二）实验器材

实验器材包括心电图机、生理盐水（导电膏）、分规。

（三）心电图记录的操作步骤

1）接好心电图机的电源线、地线和导联线。打开电源开关，预热 3～5min。

2）让受试者采用静卧姿势，并提示其放松肌肉。将引导电极安置在手腕、足踝和胸前，并按要求接上导联线。通常在电极安置的部位涂上少量导电膏有利于保证导电正常。导联线的连接方法是：黄色-左手，红色-右手，绿色-左足，黑色-右足（接地），白色-心前区导联线。

3）校准：通电后，调节记录笔尖至中线，然后输入 1mV 标准电压，观察记录笔尖是否恰好移动 1cm（记录纸上为 10 小格），否则用校准旋钮调节之。

4）记录：旋转导联选择器至所需各导联，此时即见记录笔随心跳波动，开动记录纸走动开关，记录笔即在均匀走动的记录纸上画出心动电流曲线（心电图），依次记录 Ⅰ、Ⅱ、Ⅲ、aVR、aVL、aVF、V_1、V_3、V_5 导联的心电图，将心电图纸裁下，并对其进行分析。

（四）心电图测量与分析

对心电图波幅和时间进行测量，并围绕心率、期前收缩或异位节律、心电图各波段进行分析。各波段的正常值如表 5-1 所示。

表 5-1　心电图各波幅与间期的正常值及其特征

名称	时间	电压	形态
P 波	≤0.11mV/s	Ⅰ、Ⅱ、Ⅲ＜0.25mV，aVF、aVL＜0.25mV，$V_1 \sim V_5$＜0.15mV，V_1、V_2双向时其总电压＜0.2mV	Ⅰ、Ⅱ、aVF、$V_4 \sim V_6$直立，aVR倒置，Ⅲ、aVL、$V_1 \sim V_3$直立、平坦、双向或倒置
P-R 间期*	0.12~0.2s		
QRS 波	Q＜0.04s QRS 波总时间为 0.06~0.1s	Q＜1/4R（以 P 波为主的导联） RaVR＜0.5mV RaVL＜1.2mV RaVF＜2.0mV RV_1＜1.0mV；V_1R/S＜1 RV_5＜2.5mV；V_5R/S＜1 RV_1+SV_5＜1.2mV RV_5+SV_1＜4.0mV（男）＜3.5mV（女）	Avr 呈 Qr、rS 或 rSr 型、V_1呈 Rs 型、V_5呈 Rs、qRs、qR 或 R 型
ST 段		Ⅰ、Ⅱ、aVL、aVF、$V_4 \sim V_6$抬高不超过 0.1mV，电压不超过 0.05mV $V_1 \sim V_3$抬高不超过 0.3mV	
T 波		＞1/10R（R 波为主的导联）	Ⅰ、Ⅱ、$V_5 \sim V_6$直立、aVR 倒置、aVL、aVF、$V_1 \sim V_3$直立、平坦或倒置
Q-T 间期*	＜0.04s		
U 波	0.1~0.3s	肢导联＜0.05mV 心前区导联＜0.3mV	其方向与 T 波一致

*P-R 间期、Q-T 间期的正常值与心率有关

（五）实验要求

1）理解心电记录的基本原理，认识心电图主要成分并了解其生理意义，分析各波的时间、电压、形态以及主要的间期。

2）了解人体心电图的描记方法。

四、左心室收缩时间间期检测

左心室收缩时间间期（systolic time interval，STI）检测属于心脏功能检查。心脏功能的检查方法分为创伤性和无创性两大类，冠状动脉造影和左室心脏造影

等是诊断冠状动脉疾病及了解左室功能的重要手段,但都要借助于心导管,属于创伤性心功检查一类。无创伤性检查是近 20 年来蓬勃发展和广泛应用的一类检查方法。无创性心功能检查包括以下几项。

1)心率变异。

2)向量心电图分析。

3)频谱心电分析。

4)左心室收缩时间间期。

5)左心室舒张间期。

6)心脏泵血功能。

7)左心室舒张功能。

8)心血管植物神经功能。

(一)目的和原理

反映心脏收缩的 STI 检测,是应用最早、最成熟、最普遍的检查方法之一。心室电机械收缩时间,是从 QRS 波群的起点至第二心音主动脉瓣关闭为止的时间。也就是从心室电兴奋开始到射血结束所需的时间($Q-S_2$),心室电机械收缩时间分为摄血前期(PEP)和摄血时间(LVET),而 PEP/LVET 是反映左心室收缩功能最敏感的指标。

PEP/LVET、ICT/LVET、ICT、Q-U、PWTT 在冠心病、主动脉病变和心力衰竭等辅助诊断方面有较高的参考价值。

(二)实验器材

多功能心功检测仪、酒精、生理盐水、导电膏。

(三)生理信号、标志点、参考指标

STI 检测时,同步录取心电图(ECG)、心音图(PCG)、颈动脉波动图(CAR)三路生理信号,识别 R、Q、S_1、S_2、U、HW、PM、IN 等生理标志点,经分析处理可输出 16 个生理参数。

标志点的生理含义:

R：心电图中 QRS 波的顶点，以此为界划分心动周期。

Q：心电图中 QRS 波的起始点，表示心室兴奋开始。

S₁：心音图第一心音中高频高振幅的起始位置。

S₂：心音图第二心音中高频高振幅的起始位置。

U：颈动脉上升支陡升的起点，左心室摄血开始。

HW：颈动脉图上升支陡升到幅度的一半。

PM：颈动脉幅度最高点。

IN：颈动脉图下降支的切点或斜率发生突变的点，表示摄血结束。

（四）生理指标及意义

1）R-R：心动周期。

2）HR：平均心率。

3）EMT：电机械收缩时间。

4）LVET：左室射血时间。

5）PEP：射血前期。

6）PEP/LVET：心功特征比值。

7）MST：心脏机械收缩周期。

8）EML：电机械延迟时间。

9）ICT1：等容收缩时间。

10）ICT2：等容收缩时间。

11）ICT：等容收缩时间。

12）ICT/LVET：心功特征比值。

13）PWTT：脉搏波传递时间。

14）Q-U：Q-U 间期。

15）QU/LVET：心功特征比值。

16）HWT：半波时间。

（五）实验步骤与分析

1）让受检查者卧床休息几分钟，用酒精、生理盐水擦涂皮肤，正确放置心电电极、心音传感器、颈动脉传感器，其中心电按标Ⅱ导联放置，右腿放置黑夹，左腿放置绿夹，右手放置红夹，心音传感器放置心脏中部，用绷带扎好，颈动脉传感器放置在左侧或右侧的颈动脉处。

2）在多功能心功检测仪主选单下移动指标光标到"3 左心室收缩时间间期（STI）"处，回车或直接键入"3"，系统将进入"STI"检测子菜单。

MCA—3C［STI］检测菜单

［1］……采集

［2］……读盘

［3］……显示

［4］……存盘

［5］……分析

［6］……报告

［7］……目录

屏幕下方出现命令为："S：扫描　↑↓：幅度　J：监视　C：采集　E：退出。"检测子菜单1/2/3/4/5/6/7分别列出了各功能命令代码，选择代码或用光标键移动光标到某项功能，再回车可进入相应操作。

1）面板的选择开关设置为［测量，正常，2，时域］。

2）键入"1"，进入波形实时扫描显示。

调节［心音］［心电］［颈动脉］旋钮，屏幕应出现三路对应生理信号，检查调整，使波形规范，幅度适宜，并无干扰。如果心电干扰太大，可将［干扰抑制］按下［陷波］。

3）键入"C"进入正式录取。录取后，返回（STI）菜单。选择"3"，系统可在显示器上分屏回放录取的信号波形。如果数据不够理想，则可键入"1"重新采集。

4）用户如要将检测数据存盘，可选择"4"，原始数据存盘操作。

系统将数据缓冲区以用户输入的文件名存入所选择的磁盘。可用"7"来观察数据盘的目录。若数据盘已满或出错将报警。如选择"2"，系统可按用户要求自动读入已经存入某一磁盘的数据。若磁盘出错或无指定的数据，则文件将声响报警（注：文件名重复将覆盖原来文件）。用户如不想存盘，则可跳过此部分。

5）键入"5"，系统进入自动分析。

此处系统提示用户按"3"中观察,输入心电 QRS 波形的模式。此处系统完成 6 个周期的自动找点后,进入人工校正功能状态。在屏幕右半部显示校正命令表:其中 1~6 为标志点代号,R—显示结果,箭头键为左右移动选定的光标,[SPC]空格键为通过。

用户修正某个标志线,先打其代号,然后方可左右移动,确认后打空格通过。如本周期找点正确不需要修正,即打空格通过。

6)键入"6",打印检测报告单,系统将提示用户输入受检者的有关信息。

7)键入"F10",系统将结束"STI"检测工作,返回系统主菜单。

(六)心功能指标及测量方法

心功能指标及测量方法如表 5-2 所示。

表 5-2 心功能指标及测量方法

指标	测量方法	正常值
电机械延迟时间(EML)	从 ECG 上 QRS 波的起点量到 PCG 的第一心音高频、高振幅成分(即二尖瓣关闭成分,简写 S_1m)的时间。它反映了心室兴奋、兴奋在心室的传播和兴奋收缩耦联的时间长短	正常值:60.5±9.8ms
左心室排血时间(LVET)	从 CPT 迅速上升的起点量到重波切迹(即降支中部的切迹)的时间	正常值:0.28~0.31s
机械收缩期(MST)	从二尖瓣关闭到主动脉瓣关闭 这段时间,即 $S_1m \rightarrow S_{2A}$(简写 S_1-S_2)	正常值:329±36ms
电机械收缩时间(EMT)	从 ECG 上 QRS 波的起点量到 PCG 的第二心音的主动脉瓣的起始高频、高振幅成分,即主动脉瓣关闭成分(S_{2A})的时间(简称 Q-S_2 间期)	正常值:397±20.7ms
排血前时间(PEP)	从心室电活动开始→动脉瓣开始开放需要的时间。可通过 PEPS2 减去 Q-S_1 或 S_1-S_2 减去 LVET 测得	正常值:90.6±10.7ms
等容收缩时间(ICT)	指心室收缩时容积不变(即从房室瓣关闭到主动脉瓣尚未打开,呈密闭状态)的阶段。可通过 PEP 减去 Q-S_1 或 S_1-S_2 减去 LVET 测得。常取上述两种方法测得结果的平均值代表 ICT	正常值:30.3±9.6ms
PEP/LVET 比值	指排血前时间与左心室排血时间的比值	正常值:0.295±0.029
ICT/LVET 比值	指等容收缩时间与左室排血时间的比值	正常值:0.098±0.032

(七) 注意事项

1）由于 STI 与心率相关，所以心率过快或过慢时会对 STI 产生明显影响，因此，应用心率加以校正。

2）在用户操作过程中，系统会智能地检查因输入错误、磁盘写保护、磁盘已满、打印机未开、缺纸、某项目漏检等原因而报警。用户可针对具体情况排除错误。按任意键将返回当前菜单。

3）心电机械图中的一些主要标志。

第一，心音图（PCG）：S_1、S_2、S_3、S_4 分别为 PCG 中的第一、第二、第三、第四心音。S_1 及 S_2 分别包含 4 个组分，其中第二个组分频率较高、振幅较大，分别与二尖瓣的关闭（S_{1m}）及主动脉瓣的关闭（S_{2A}、A_2）有关。因此 S_{1m} 及 S_{2A}（A_2）常用作二尖瓣及主动脉瓣关闭的标志。

第二，颈动脉搏动图（CPT，CAR）：U 点为升支陡升的起点，IN 点为降支中出现一个向上的波动（重搏波）之前的一个切迹（波谷，降中峡）。由于重搏波是主动脉瓣突然关闭，血液向瓣膜冲击引起的一个反冲，使动脉系统内压力又轻度升高而形成的，所以 IN 点常作为主动脉瓣关闭的标志（由于脉搏波传递时间的延迟作用，比真正标志主动脉瓣关闭的 A_2 要晚一些，A_2—IN 的时间即为脉搏波传递时间）。

第三，心尖搏动图（ACG）：有心房收缩波（A）、心室收缩波（SW）、快速充盈波（RFW）和缓慢充盈波（SFW）4 个波。5 个标志点，即①C 点，是 A 波结束（房缩完毕），SW 开始急剧上升之点，又称心室收缩起点。②E 点，是 SW 的最高峰点，标志主动脉瓣打开时的点，又称心室射血点。③P 点或称 B 点，为 SW 下降支的转折点，即 SW 由 E 点急剧下降，到 P 点后曲线转成平顶型。④O 点，SW 下降支的最低点，一般认为标志二尖瓣打开之点，又称心室充盈起点。近来证明 O 点与二尖瓣开放时间并不一致，要晚一些。⑤F 点，为 RFW 与 SFW 的交接点。

五、左心室舒张功能检测

（一）目的和原理

心尖搏动图（ACG）反映左心室压力与容积的关系，比较确切地体现了心动周期中各间期的变化过程、相对振幅的变化及时相，从心尖搏动图可以获得许多舒张间期的指标，反映着心脏舒张间期功能的变化。

（二）标志点、生理指标

"ACG"检测时同步录取心电图 ECG、心音图 PCG 和心尖搏动 ACG 三路生理信号，识别 R、Q、S_1、S_2、C、E、P、O、F 几个生理标志点，经分析处理可输出 20 个生理参数。

标志点的生理含义：

R：心电图中 QRS 波的顶点。以此为界划分心动周期。

Q：心电图中 QRS 波的起始点。

S_1：心音图第一心音中高频高振幅的起始位置。

S_2：心音图第二心音中高频高振幅的起始位置。

C：心室收缩起始点。

E：SW 的顶点，标志主动脉瓣开放和射血的开始。

P：快速射血期和减慢射血的交接点。

O：二尖瓣开放最大点。

F：快速充盈波峰值点。

生理指标及其意义：

1）R-R：心动周期。

2）HR：平均心率。

3）EMT：电机械延迟时间。

4）EML：电机械延尽时间。

5）MST：心脏机械收缩周期。

6）RFT：快速充盈期。

7）SFT：缓慢充盈期。

8）Q-E：射血前期。

9）E-A_2：射血期。

10）QE/EA：舒张功能比值。

11）RFT/SFT：比值。

12）IRP：等容舒张间期。

13）A_2C：舒张功能特征比值。

14）$C-S_2$：真正机械收缩期。

15）ICT：等容收缩时间。

16）RET：快速射血期。

17）ESS：慢速射血期。

18）Q-C：电机械延迟期。

19）AST：房缩间期。

20）EF：射血分数。

（三）操作方法

1）让受检查者卧床休息几分钟，用酒精、生理盐水擦涂皮肤，正确放置心电电极、心音传感器，心尖搏动图可由颈动脉传感器获取：受检者取 40～60。左侧卧位，左手举头顶以扩大肋间隙，将颈动脉传感器触点放置心尖搏动最强处，呼气后屏气采样 8s 以上。

注：

第一，须反复调节心搏传感器，出现四波五点的规范心搏图。

第二，由于肺气肿、肥胖、心尖搏动弥漫等原因，有一部分人做不出心尖搏动图。

2）在主选菜单移动指示光标到"6 左心室舒张功能（ACG）"或直接键入"6"，系统将进入舒张功能"ACG"检测子菜单：

检测子菜单 0/1/2/3/4/5/6/7/8 分别列出了各功能命令代码，选择代码，按提示输入。

3）将面板的选择开关设置为［测量，正常，2，时域］。

4）键入"1"，进入波形实时扫描显示。

屏幕下方出现命令行："S：扫描　↑↓：幅度　J：监视　C：采集　E：退出。"将面板调节［心音］［心电］［颈动脉］旋钮，屏幕应出现三路对应的信号。调整增益，使波形规范，幅度适宜，并无干扰，此时可打"C"进行正式录取。录取后返回子菜单。

选择"3"系统可在显示器上分屏回放已录取的信号波形。假如数据不够理想，则可键入"1"重新采集录取。

5）键入"4"，原始数据存盘操作。系统将数据缓冲区以用户输入的文件名存入所选择的磁盘。可用"7"来观察数据盘的目录。若数据盘已满或出错将报警。如用户不存盘，可将此部分跳过。

选择"2"，系统可按用户要求自动读入已经存在某一磁盘上的原始数据，若磁盘出错或无指定的数据，文件将报警。

6）选择"5"，系统进入自动分析。

此处系统提示用户输入心电 QRS 波形的模式。

在系统完成 5 个周期的自动找点后，进入人工校正功能状态。在屏幕右半部显示校正命令表：其中 1～9 为标志点代号。R—显示结果。光标键为左右移动选定的光标。[SPC]空格键为通过。

用户修正某个标志线，先打其代号，然后方可左右移动，确认后打空格键通过。如本周期不需修正，即打空格键通过。

7）键入"6"，系统将提示用户输入受检者的有关信息，然后打印检测报告单。

8）键入"8"，系统将结束"ACG"的检测工作，返回系统主菜单。

（四）注意事项

在用户操作过程中，系统会智能地检查因输入错误、磁盘写保护、磁盘已满、打印机未开、缺纸、某项目漏检等原因而报警。用户可针对具体情况排除错误，按任意键将返回当前菜单。

第三节　呼吸与气体代谢测量

一、肺活量、时间肺活量与最大通气量的测定

（一）目的和原理

学习和掌握肺活量、时间肺活量和最大通气量的测定方法。

肺活量、时间肺活量和最大通气量是反映肺功的指标，因此，学习和掌握其测定方法具有重要意义。

肺活量是指尽最大努力吸气后，再做最大用力呼气所能呼出的气体量。肺活量的大小与性别、年龄、身高、体重、胸围以及体育锻炼等因素有密切关系。我国正常男子肺活量为 3500～4000 mL，女子为 2500～3500mL。

时间肺活量是指最大用力吸气后，以最快的速度用力呼气，记录在一定时间内呼出的气体量。通常以每秒钟呼出的气体量占肺活量的百分比来表示。成年人第一秒钟为 83%，第二秒钟为 96%，第三秒钟为 99%。

最大通气量是指单位时间内肺脏的最大通气能力。一般测量受试者 15s 内所呼出的气体总量，然后乘以 4 即为每分钟的最大通气量。它是反映机体通气储备能力的指标。我国健康成年男子为 100～110L/min，成年女子约为 80L/min。

（二）器材与药品

FJD-80 肺功量计、PONY Spirometer 3.3 肺功能仪、消毒棉球、鼻夹、75%酒精。

（三）步骤和方法

方法一：FJD-80 型肺量计测试法

1. FJD-80 型肺量计结构

主要由一对套在一起的圆筒组成，外筒是装清水的水槽，槽底有排水阀门可以放水，水槽中央有两个通气管与外界相通，其上端露出水面，下端有通向槽外的三通阀门，呼吸气体经此出入。进气管上方有钠石灰盒，用以吸收呼出气体中的二氧化碳。出气管下端连有鼓风机，用以推动气流，减小呼吸阻力。内筒为倒置于水槽中的浮筒，可随呼吸气体的进出而升降。筒顶连有细绳，通过滑轮与另一端平衡锤的重量相平衡，以减小呼气和吸气的阻力，平衡锤上的描笔与浮筒一侧的记纹鼓相接触。进出肺的气体量可随浮筒的升降由平衡锤上的描笔记录在记纹鼓的记录纸上。肺量计容量一般为 6～8L。

2. 实验前准备

实验前，将肺量计外筒装水，水量约为筒容量的 80%。安装好记录纸和接通电源，检查其运转情况。然后将连有三路开关的螺纹管与呼气和吸气管相接。转动三路开关，使呼吸管与外界相通，提起浮筒，让筒内充盈一定量的空气。转动三路开关，关闭肺量计，检查是否漏气。

3. 肺活量的测定

使浮筒下沉至外筒底部，调节记录盘上的指针到 0 位。令受试者取立位，竭力深吸气后，立即关闭三路开关，由吹气口向筒内做最大限度的呼气，记录计量盘上的刻度数，连续测量 3 次，取最大数值作为肺活量值。

4. 时间肺活量的测定

受试者取立位，夹上鼻夹，口含橡皮吹嘴并与外界相通，做平静呼吸数次。之后，令受试者做最大限度的深吸气，关闭三通开关。吸气之末屏气 1～2s，此时开动快鼓（25mm/s），令受试者以最快速度用力深呼气，直到不能再呼为止。从记录纸上测定第一、第二和第三秒钟内呼出的气体量，并分别计算出它们各自占肺活量的百分比。健康成年人第一秒钟平均值约为 83%，第二秒钟约为 96%，第三秒钟约为 99%。

5. 最大通气量的测定

肺量计内充入 4～5L 新鲜空气，受试者取立位，夹上鼻夹，口含橡皮吹嘴，转动三路开关，使口与肺量计相通，开动慢鼓记录平和呼吸曲线。然后开动中速鼓（1.67mm/s），令受试者按主试者口令在 15s 内尽力做最深、最快的呼吸。根据呼吸频率与每次呼吸深度计算出 15s 内吸入或呼出的气体量，然后乘以 4，即为最大通气量。

方法二：PONY Spirometer 3.3 肺功能仪测试法

1. 测试方法及步骤

1）开机：显示时间（年↓、月↓、日↓）。

2）CR↓：空走纸，显示待机状态。

3）1↓↑：显示号码，输入编码（100000001↓）。

4）CR↓：显示性别，输入性别（1↓男 M，2↓女 F）。

5）CR↓：显示年龄，输入年龄（21 岁，2↓ 1↓）。

6）CR↓：显示身高，输入身高（170cm，1↓、7↓、0↓）。

7）CR↓：显示体重，输入体重（75kg，7↓、5↓）。

8）CR↓：显示%值，输入%值（1↓、0↓、0↓）。

9）CR↓：显示待机状态。

10）FVC↓：测试用力肺活量，一次深呼气。待 5 秒钟后自动打印（小图形），或 Print↓自动打印（大图形）。

11）VC↓：测试肺活量（VC）、呼吸频率（Rf）、呼吸深度（VT）及比值，一次深呼气或15s快速深呼吸。Print↓自动打印。

12）MVV↓：测试最大通气量（MVV），15s快速深呼吸。Print↓自动打印。

13）CR↓：空走纸，显示待机状态。

14）1↓：返回开始。显示号码，输入下位编码（100000002↓）……

2. PONY Spirometer 3.3 肺功能仪测试指标

1）FVC：用力（快速）肺活量。

2）FEV1：1s用力呼气容积，又称为"一秒钟量"。

3）PEF：最高呼出气流量。

4）FEV1/FVC%：1s肺呼气容积/用力肺活量比值，称为"一秒率"。

5）FEF25%～75%（MMEF）：25%～75%平均呼气量。

6）Vman25%：25%最大呼气流量。

7）Vman50%：50%最大呼气流量。

8）Vman75%：75%最大呼气流量。

9）FET100%：100%最大呼气流量。

10）VC：肺活量。

11）CV：闭气容积。

12）VE：每分钟肺通气量。

13）Rf：每分钟呼吸频率。

14）Ti：吸气时间/次。

15）Te：呼气时间/次。

16）VT：潮气容积。

17）Vt/t：Vt/Ttot 比率。

18）Ttot：整个呼吸循环时间。

19）MVV：最大通气量。

（四）注意事项

1）每一单项指标测试完成后，令受试者平静呼吸几次，再测试下一个指标。

2）关闭肺量计的进、排气阀门时，切勿下压浮筒，以免将外筒内的水压入通气管。

3）橡皮吹嘴须用 75%酒精消毒后方可使用。

二、最大摄氧量的直接测定

（一）目的和原理

目的是学习和掌握最大摄氧量的直接测定方法。

最大摄氧量是指机体在心肺功能和全身各器官、系统充分动员的条件下，单位时间内摄取并供给机体消耗氧气的最大量，是反映人体有氧能力的重要指标。

最大摄氧量直接测定法是指运动员在运动场或实验室借助功率自行车（或跑台）进行极限运动，使用气体代谢仪直接测定摄氧量的方法，它可以获得多项气体代谢参数，因此，具有精确、可靠的特点，但需要昂贵的精密仪器设备。

递增负荷运动过程中，摄氧量随运动负荷的增加而增加，并与心率呈线性关系。当运动负荷达到一定强度后，摄氧量不再随心率的增加而增加，即摄氧量平台期，此时摄氧量即为受试者的最大摄氧量。

（二）器材与药品

气体代谢仪、呼吸面罩、功率自行车（或跑台）、心率表、秒表。

（三）步骤和方法

1. 方法一

1）仪器校正及设置：针对气体代谢的要求，进行仪器的气体成分校准及气量校准。

2）受试者身着运动服，静坐 15min，之后测试受试者心电图、心率、血压、身高及体重（精确到 0.1kg）等。

3）受试者戴好面罩，胸前安装好遥测电极。

4）准备工作完成后，令受试者以中等强度（50%VO_2max 的运动强度）在功率自行车上进行准备活动 4～5min。

5）休息 3min。

6）休息 3min 后，令受试者以准备活动时的负荷蹬踏功率自行车 2min，然后每隔 2～3min 增加负荷 300～400kg·m/min 作为下一级负荷，转数为 60r/min，直到受试者力竭为止。

7）当摄氧量出现平台，即摄氧量不再随运动负荷的增加而增加时，可视为达到最大摄氧量。如果摄氧量未出现平台，而受试者已达精疲力竭的程度，则取摄氧量的最大值作为最大摄氧量。

2. 方法二　功率自行车递增负荷运动模型

1）100W 起始，每 3min 递增 50W 为下一级负荷，转数为 70r/min，直至力竭。

2）100W 起始，每 1min 递增 25W 为下一级负荷，转数为 70r/min，直至力竭。

3）100W 起始，每 10s 递增 5W 为下一级负荷，转数为 70r/min，直至力竭。

3. 方法三　Bruce 方法（跑台）

Bruce 方法程序设置如表 5-3 所示。

表 5-3　Bruce 方法的程序设置

分级	速度/(cm/h)	坡度/%	时间/min	Mets
1	1.7	10	3	4.0
2	2.5	12	3	6.8
3	3.4	14	3	10.0
4	4.2	15	3	14.2
5	5.0	18	3	16.0
6	5.5	20	3	18.0
7	6.0	22	3	20.6

（四）最大摄氧量的判断标准

1）当继续增加运动负荷后，其摄氧量的递增值＜2mL/kg 或 150mL/min。

2）受试者的心率＞180 次/分钟。

3）运动时呼吸商＞1.10。

4）在测试停止后 2min 时，血乳酸浓度＞100mg/dL，儿童＞80mg/dL，老年人＞60mg/dL。

5）继续运动时摄氧量出现下降。

（五）注意事项

1）测定最大摄氧量的运动负荷，必须注意要设计有大量肌肉群参加的活动。

2）每一级的运动负荷，都必须持续一定时间。

3）在正式测试前应进行身体检查，保证受试者在测试时不发生意外。

4）在进行最大摄氧量测试前几小时，受试者不应参加重体力活动。此外，在进餐后，必须经过一定时间才能进行所有测试。

5）根据不同受试者的机能特点，选择不同的运动模型。

6）根据受试者的性别、年龄、运动项目和运动能力，选择测功仪、运动起始负荷和每级负荷的持续时间及递增负荷的大小。通常最大摄氧量测试时间为10～12min达到力竭，起始功率为最大功率的30%，每级负荷递增10%～15%。

7）对年龄过小或过大的受试者，不宜采用直接测试法，年龄过小者难以配合，年龄过大者要避免其发生意外。

三、最大摄氧量的间接测定

采用 Astand-Ryhnuiy 间接测定法。

（一）目的和原理

目的是掌握 Astand-Ryhnuiy 设计的推测最大摄氧量的方法。

最大摄氧量是有氧耐力的生理学指标，通过它不仅能了解运动员的训练程度，而且它对选材也有重要作用。

本实验是根据 Astand-Ryhnuiy 设计的方法，让受试者在功率自行车上进行次最大强度（即低于百分之百最大摄氧量的强度）运动，测定出即时心率及输出功率，然后推测出受试者的最大摄氧量，此方法具有简便、易于接受及推广的特点，但实验误差相对较大（5%～10%）。

Astand-Ryhnuiy 间接测定法的理论依据是心率，以及功率和摄氧量之间的相互关系。当输出功率增加时，摄氧量也成比例地增加，最后达到最大摄氧量且保持稳定状态，心脏对功率增加的反应与摄氧量一致，即最大摄氧量与最大心率几乎同时到达，因此，可根据次最大负荷运动时的功率和心率非常近似地推测出最大摄氧量。

（二）器材

功率自行车、心率表、秒表。

（三）步骤和方法

此实验要求受试者以中等强度蹬踏功率自行车，直到得到一个稳定的心率为止。然后，根据Astand-Ryhnuiy表推测最大摄氧量（表5-4）。最后，根据年龄修正推测出最大摄氧量，其具体步骤为以下几项。

表5-4 最大摄氧量推算表 （单位：L/min）

心率	功率/（kg·m/min）					心率	功率/（kg·m/min）				
	300	600	900	1200	1500		300	600	900	1200	1500
120	2.2	3.3	4.8			148	2.4	3.2	4.3	5.4	
121	2.2	3.4	4.7			149	2.3	3.2	4.3	5.4	
122	2.2	3.4	4.6			150	2.3	3.2	4.3	5.3	
123	2.1	3.4	4.6			151	2.3	3.1	4.2	5.2	
124	2.1	3.3	4.5	6.0		152	2.3	3.1	4.1	5.2	
125	2.0	3.2	4.4	5.9		153	2.2	3.0	4.1	5.1	
126	2.0	3.2	4.4	5.8		154	2.2	3.0	4.0	5.1	
127	2.0	3.1	4.3	5.7		155	2.2	3.0	4.0	5.0	
128	2.0	3.1	4.2	5.6		156	2.2	2.9	4.0	5.0	
129	1.9	3.0	4.2	5.6		157	2.1	2.9	3.9	4.9	
130	1.9	3.0	4.1	5.5		158	2.1	2.9	3.9	4.9	
131	1.9	2.9	4.0	5.4		159	2.1	2.8	3.8	4.8	
132	1.8	2.9	4.0	5.3		160	2.1	2.8	3.8	4.8	
133	1.8	2.8	3.9	5.3		161	2.0	2.8	3.7	4.7	
134	1.8	2.8	3.9	5.2		162	2.0	2.8	3.7	4.6	
135	1.7	2.8	3.8	5.1		163	2.0	2.8	3.7	4.6	
136	1.7	2.7	3.8	5.0		164	2.0	2.7	3.6	4.5	
137	1.7	2.7	3.7	5.0		165	2.0	2.7	3.6	4.5	
138	1.6	2.7	3.7	4.9		166	1.9	2.7	3.6	4.5	
139	1.6	2.6	3.6	4.8		167	1.9	2.6	3.5	4.4	
140	1.6	2.6	3.6	4.8	6.0	168	1.9	2.6	3.5	4.4	
141		2.6	3.5	4.7	5.9	169	1.9	2.6	3.5	4.3	
142			3.5	4.6	5.8	170	1.8	2.6	3.4	4.3	
143			3.4	4.6	5.7						
144			3.4	4.5	5.7						
145			3.4	4.5	5.6						
146			3.3	4.4	5.6						
147			3.3	4.4	5.5						

续表

女性											
心率	功率/（kg·m/min）					心率	功率/（kg·m/min）				
	300	450	600	750	900		300	450	600	750	900
120	2.6	3.4	4.1	4.8		148	1.6	2.1	2.6	3.1	3.6
121	2.5	3.3	4.0	4.8		149		2.1	2.6	3.0	3.5
122	2.5	3.2	3.9	4.7		150		2.0	2.5	3.0	3.5
123	2.4	3.1	3.9	4.6		151		2.0	2.5	3.0	3.4
124	2.4	3.1	3.8	4.5		152		2.0	2.5	2.9	3.4
125	2.3	3.0	3.7	4.4		153		2.0	2.4	2.9	3.3
126	2.3	3.0	3.6	4.3		154		2.0	2.4	2.8	3.2
127	2.2	2.9	3.5	4.2		155		1.9	2.4	2.8	3.2
128	2.2	2.8	3.5	4.2		156		1.9	2.3	2.8	3.2
129	2.2	2.8	3.4	4.1		157		1.9	2.3	2.7	3.2
130	2.1	2.7	3.4	4.0		158		1.8	2.3	2.7	3.1
131	2.1	2.7	3.4	4.0		159		1.8	2.2	2.7	3.1
132	2.0	2.7	3.3	3.9		160		1.8	2.2	2.6	
133	2.0	2.6	3.2	3.8		161		1.8	2.2	2.6	3.0
134	2.0	2.6	3.2	3.8		162		1.8	2.2	2.6	3.0
135	2.0	2.6	3.1	3.7		163		1.7	2.2	2.6	2.9
136	1.9	2.5	3.1	3.6		164		1.7	2.1	2.5	2.9
137	1.9	2.3	3.0	3.6		165		1.7	2.1	2.5	2.0
138	1.8	2.4	3.0	3.5		166		1.7	2.1	2.5	2.9
139	1.8	2.4	2.9	3.5		167		1.6	2.1	2.4	2.8
140	1.8	2.4	2.8	3.4		168		1.6	2.0	2.4	2.8
141	1.8	2.3	2.8	3.4		169		1.6	2.0	2.4	2.8
142	1.8	2.3	2.8	3.3		170		1.6	2.0	2.4	2.7
143	1.7	2.2	2.7	3.3							
144	1.7	2.2	2.7	3.2							
145	1.6	2.2	2.7	3.2							
146	1.6	2.2	2.6	3.2							
147	1.6	2.1	2.6	3.1							

1）受试者穿运动服，实验前一小时不得吃东西，不吸烟。

2）记录受试者体重（穿运动服、脱鞋），单位为 kg，再记录年龄。

3）调整功率自行车座的高度，使受试者踏到最低点时腿略有弯曲，将功率自行车的阻力指示器调整到 0。

4）令受试者以 60r/min 的速度蹬踏功率自行车，调整负荷。女子开始负荷为

300 kg·m/min，男子为 600 kg·m/min。持续运动 6min。

5）受试者坐于功率自行车上休息 5min，然后再重复上述步骤，但是负荷应适当加大（女子可选择 450、600、750、900 kg·m/min 中的任一负荷，男子可选择 600、900、1200、1500 kg·m/min 中的任一负荷）。前后两次负荷运动时的心率都要在 120~170 次/分。

6）记录前后两种负荷情况下每一分钟的后 30s 的心率。用运动中第五和第六分钟所记录下的心率平均值来推测最大的吸氧量。前后两分钟所测心率不得相差 5 次/分以上。否则，继续运动一分钟，用第六和第七分钟心率来推算最大摄氧量。

7）利用两种负荷时的稳定状态心率（即实验第五、第六两分钟的心率）推算（表 5-4）最大摄氧量，最后求得平均值。具体计算顺序如下：

a. 记录功率：_____ kg·m/min；_____ kg·m/min。

b. 记录负荷最后两分钟的平均心率：_____ 次/分。

c. 推测最大摄氧量平均值：_____ 升/分。

d. 根据年龄进行修正的最大摄氧量（最大摄氧量值乘以年龄修正系数，表 5-5）。

e. 求出相对最大摄氧量［上述数值除以体重（kg）mL/kg·min］。

f. 查出受试者最大有氧工作能力类别（表 5-6）。

表 5-5 推测最大摄氧量的年龄修正系数

年龄	修正系数	最大心率	修正系数
15	1.10	210	1.12
25	1.00	200	1.00
35	0.87	190	0.93
40	0.83	180	0.83
45	0.78	170	0.75
50	0.75	160	0.69
55	0.71	150	0.64
60	0.68		
65	0.65		

表 5-6 有氧工作能力的类别

年龄	低	较低	中等	高	很高
女性					
20~29	≤1.69 ≤28	1.70~1.99 29~34	2.00~2.49 35~43	2.50~2.79 44~48	≥2.80 ≥49
30~39	≤1.59 ≤27	1.60~1.89 28~33	1.90~2.39 34~47	2.40~2.69 42~47	≥2.70 ≥48
40~49	≤1.49 ≤25	1.50~1.79 28~31	1.80~2.29 32~40	2.30~2.59 41~45	≥2.60 ≥46
50~65	≤1.29 ≤21	1.30~1.59 20~28	1.60~2.00 29~36	2.10~2.39 37~47	≥2.40 ≥42
男性					
20~29	≤2.79 ≤38	2.80~3.09 39~40	3.10~3.89 44~51	3.70~3.99 52~56	≥4.00 ≥57
30~39	≤2.49 ≤34	2.50~2.79 35~39	2.80~3.39 40~47	3.40~3.69 48~51	≥3.70 ≥52
40~49	≤2.19 ≤30	2.20~2.49 31~35	2.50~3.09 36~43	3.10~3.39 44~47	≥3.40 ≥48
50~59	≤1.89 ≤25	1.90~2.19 26~31	2.20~2.79 32~39	2.80~3.09 40~43	≥3.10 ≥44
60~69	≤1.59 ≤21	1.60~1.89 22~26	1.90~2.49 27~35	2.50~2.79 36~39	≥2.80 ≥40

注：第一行（如 1.69）用 L/min 表示，第二行（如 28）用 mL/（kg·min）表示

（四）注意事项

1）此方法是一种推测方法，因此难免出现误差。

2）实验过程中要求严格控制功率自行车的蹬踏功率。

第四节 神经系统与感觉机能测量

一、观察中枢神经系统

（一）实验目的

1）了解脊髓的外形及相关结构。

2）掌握脊髓内部主要结构。

3）掌握脑干的位置、形态、组成，了解与脑干相连的脑神经及其功能。

4）掌握端脑的组成及了解间脑、小脑、大脑的位置、分部、外形及内部结构。

（二）实验内容

1）观察脊髓的位置、外形及与脊髓相关的脊神经、脊神经节等结构。

2）观察脊髓的内部结构。

3）观察脑干、间脑、小脑、大脑的组成、位置、外形及内部结构。

（三）实验器材

脑标本或模型，中枢神经系统标本或模型，脊髓横断面标本和模型，脊髓节段模型，脑干电动模型，脑干放大模型。

（四）实验方法

1）每2个学生一组，根据教材和实验指导仔细观察标本和模型，掌握中枢神经系统的组成和主要结构。

2）实验前半小时进行实验抽查考试。

（五）实验步骤

1. 观察脊髓的外形

观察中枢神经系统整体标本或模型，可见脊髓呈前后稍扁的圆柱体，上部有颈膨大、下部有腰骶膨大，向下渐渐缩小成脊髓圆锥，再向下延伸为一根细长的终丝。

2. 观察脊髓表面的沟及与脊髓相关的结构

1）脊髓表面的沟，在脊髓解剖模型上，腹侧面可见正中较深的前正中裂及其两侧一对较浅的前外侧沟；背侧面可见正中较浅的后正中沟及其两侧一对较浅的后外侧沟。

2）与脊髓相关的结构，在脊髓节段解剖模型上可见自脊髓前外侧沟走出的前根；自后外侧沟进入的后根；同一节段的前根和后根在椎间孔处汇合成脊神经（共有31对）。后根在与前根汇合之前，于椎间孔处有膨大的脊神经节。

3）脊髓节段，与每对脊神经的前、后根相连的脊髓节段为脊髓节（共有31节）。注意观察从脊髓各节段发出的脊神经根在椎管内不是平行地穿出相应的椎间孔，其中颈上段为横行，颈下段和胸段为斜下行，然后走向相应的椎间孔，而腰、骶、尾部的脊神经根在出相应椎间孔之前，先在椎管内向下行，围绕终丝集聚成马尾。

3. 观察脊髓的内部结构

1）在脊髓横断面标本或模型上观察，可见位于中央颜色较深，呈蝶形的灰质，它纵贯脊髓全长，中央有中央管。辨认每侧灰质前端膨大部分的前角、后端较窄细部分的后角和在脊髓胸段灰质的前后角之间有一个向外凸出的侧角。思考前角、后角和侧角内有何性质的神经元。

2）在脊髓横断面标本或模型上，可见位于灰质周围、颜色较浅的白质，包括前正中裂与前外侧沟之间的前索、后正中沟与后外侧沟之间的后索和前、后外侧沟之间部分的侧索。在前索和侧索中辨认出皮质脊髓前束和侧束，脊髓小脑前束和后束，脊髓丘脑前束和侧束；在后索中辨认出薄束和楔束；辨认出紧贴灰质表面的固有束等。

4. 观察辨认脑干、间脑和小脑的位置

取脑模型，将左、右两半分开，从内侧面观察，可见脑干呈柱状，上方为间脑，大部被大脑半球覆盖，下方连脊髓，脑干的背侧、大脑后下方为小脑。脑干自下而上依次为延髓、脑桥、中脑。

5. 观察辨认脑干的形态与结构

观察、辨认脑干外部形态及主要结构，分3个步骤。

1）取脑干放大模型观察延髓段。腹侧面可见延髓上部正中裂两侧，有一对纵行隆起为锥体，其下方可见锥体交叉。锥体外侧一对卵圆形隆起为橄榄；背面可见与脊髓相连的后正中沟两侧有两对隆起，近中线的一对为薄束结节，外上方一对为楔束结节。还可观察到楔束结节外上方的小脑下脚，以及延髓与脑桥背侧面的菱形窝，即第四脑室底。

2）取脑干放大模型观察脑桥段。腹侧面可见隆起的基底部，有横行粗大的纤维束，中央纵行的基底沟，下方为延髓与脑桥的界沟。背侧面可见菱形窝上半部以及小脑中脚。

3）在脑干放大模型观察中脑段。腹侧面可见两条纵行的大脑脚；从背面观可见小脑中脚内侧上方的小脑上脚，还可见两对圆形隆起，上方一对为上丘，下方一对为下丘。

脑干的功能，除有传导和反射的功能外，网状结构有其特殊的功能。

6. 观察、辨认间脑的分部与结构

1）间脑分为5部分，在脑干放大模型的上后隆凸部，辨认上丘脑和背侧丘脑，在背侧丘脑后下方辨认后丘脑的内侧膝状体和外侧膝状体。在脑干放大型的腹侧，中脑的大脑脚上方辨认下丘脑的乳头体、灰结节、漏斗。丘脑底部在模型上不易观察到。

2）在透明脑干电动模型上，可观察到背侧丘脑内部有一对较大的卵圆形灰质块，此即丘脑核。模型上有不同染色，可辨认出其前核、内侧核和外侧核。同时可观察到内、外侧膝状体内部有相应的神经核。思考丘脑核和内、外膝状体核分别接受来自何种纤维，属什么皮质下中枢。

7. 观察、辨认小脑的形态和内部结构

1）取小脑模型，辨认小脑两半球、中间的蚓部以及表面许多排列有序的沟回。

2）取小脑切面标本，可见小脑内部的表层染色较深的灰质，即小脑皮质，深部色淡的白质，以及白质中有4对染色较深的小脑中央核。

8. 观察大脑的位置与外形（大脑切面标本，透明脑干电动模型）

1）将人体半身模型的一侧头部取下，可见大脑位于颅脑内，其下方有间脑与脑干相连，后下方为小脑。

2）在脑标本和模型上可观察到大脑由正中的大脑纵裂分为左、右两半球。沿大脑纵裂将大脑模型分成两半球，取一侧半球模型可见有3个面，即背外侧面，较为隆凸的面；内侧面是两半球相对较平坦的面；底面向下，为凹凸不平的面。内侧面可见呈弓形的胼胝体，它由连接两半球的横行纤维束构成。

9. 观察大脑半球表面的主要沟、回、分叶及大脑皮质重要功能中枢部位

1）取一侧大脑半球模型观察大脑半球的主要沟裂，辨认位于背外侧面，从前下向后上行的外侧沟；位于背外侧面，半球上缘中点稍后方向前下斜行的中央沟；位于内侧面后部，从前下向后上行，并略转至背外侧面的顶枕沟。

2）在模型上观察大脑半球的5个分叶，辨认位于中央沟之前，外侧沟之上的额叶；位于中央沟之后，外侧沟之上，顶枕沟之前的顶叶；位于顶枕沟之后的枕

叶；位于外侧沟之下的颞叶；位于外侧沟深部的岛叶。

10. 观察大脑的内部结构

取大脑冠状切面标本，可见其表层染色较深的灰质，深部色淡的白质。白质中可见回与回之间走向的，即为联络纤维；位于两半球之前弧形走向的为连合纤维，也即构成胼胝体的纤维；从各回向下行走至脑干的纤维为投射纤维。在白质中接近脑底部可见有灰质，此即基底核。在透明脑干电动模型上辨认尾状核、豆状核、杏仁核等。

二、观察周围神经系统和传导通路

（一）实验目的

1）熟悉第Ⅰ至第Ⅻ对脑神经进出脑的部位，了解其分布概况。

2）了解脊神经的组成及颈丛、臂丛、腰丛和骶丛的组成、位置和主要分支、分布概况。

3）了解躯干和四肢的一般感觉传导路、意识性本体传导路、锥体系传导路。

（二）实验内容

1）观察第Ⅰ至第Ⅻ对脑神经进出脑的部位及其分布。

2）观察脊神经的组成、分支与分布。

3）观察躯干和四肢的一般感觉传导路、意识性本体感觉传导路和锥体系传导路。

（三）实验器材

脑和脑干模型，脑干电动模型，全身主要神经、血管分布模型，传导通路电动模型。

（四）实验方法

1）每2个学生一组，根据教材和实验指导仔细观察标本和模型，掌握周围神经系统的组成，主要的脑神经及脊神经的功能。

2）实验前半小时进行实验抽查考试。

（五）实验步骤

1. 观察脑神经

取附有脑神经的脑和脑干模型，观察、辨认第Ⅰ至第Ⅻ对脑神经的位置，观察、辨认脑神经的分布概况。

1）嗅神经自鼻黏膜处上行穿过筛孔，在额叶底面终于嗅球。思考其属何类性质的神经。

2）视神经自眼球的视网膜穿过视神经孔经视交叉、视束，终于外侧膝状体核。思考其是何类性质的神经。

3）动眼神经由中脑的大脑脚内侧出脑至眼眶，分布于眼肌。思考其属何类性质的神经。

4）滑车神经起于中脑背面，下丘上方，分布于眼外肌。思考其属何类性质的神经。

5）三叉神经位于脑桥腹侧小脑中脚跟部，分布于咀嚼肌和面部皮肤。思考其属何类性质的神经。

6）展神经位于延髓脑桥界沟内最内侧，为一对，分布于眼肌。思考其属何类性质的神经。

7）面神经位于延髓脑桥界沟内，展神经外侧，分布于面部表情肌及舌黏膜等。思考其属何类性质的神经。

8）前庭蜗神经位于延髓脑桥界沟内，面神经外侧，分布于内耳。思考其属何类性质的神经。

9）舌咽神经位于延髓腹侧面橄榄后方的纵沟内，为纵沟内最上一对脑神经，分布于咽部和黏膜、舌后黏膜、颈动脉窦和颈动脉球。思考其属何类性质的神经。

10）迷走神经位于舌咽神经下方的纵沟内，分布于颈、胸、腹部的脏器。思考其属何类性质的神经。

11）副神经位于迷走神经下方的纵沟内，分布于胸锁乳突肌和斜方肌。思考其属何类性质的神经。

12）舌下神经位于延髓锥体外侧，橄榄和舌咽神经内侧，分布于舌肌。思考其属何类性质的神经。

2. 观察脊神经

1）取附有脊神经的脊髓模型观察脊神经的组成，每一脊髓节的前、后外侧沟内，有脊神经根丝出入。辨认前根和后根，思考其内含神经纤维的性质。后根在近椎间孔处可见一膨大的结节，即脊神经节，思考节内有何神经细胞体。在椎间孔处可见由前根和后根汇合成的脊神经。

2）取全身主要神经、血管分布模型，观察脊神经前支的分布概况，除胸部的胸神经前支保持着明显的节段性外，其余的相邻脊神经前支均互相吻合交织成神经丛。在模型上分别辨认颈丛、臂丛、腰丛和骶丛的组成及其主要分支。

第一，在模型上可见由第一至第四对颈神经的前支组成的颈丛，其分支主要分布于颈肌、肩部。

第二，在模型上可见由第五至第八对颈神经前支和第一胸神经前支的大部分组成的臂丛，辨认其主要分支腋神经、正中神经、肌皮神经、尺神经、桡神经。它们分布于上肢肌和上肢皮肤。

第三，在模型上可见由第12胸神经前支的一部分和第一至第四对腰神经前支组成的腰丛，辨认其分支股神经和闭孔神经。股神经主要分布于股前群肌和股前面皮肤，闭孔神经主要分布于股内侧肌群和股内侧皮肤。

第四，在模型上可见由第四至五腰神经前支、第一至第五骶神经和尾神经前支组成的骶丛，辨认该丛发出短支臀上神经和臀下神经、长而粗大的坐骨神经。臀上、下神经分布于臀部肌肉和皮肤。坐骨神经在大腿部的分支分布于股后肌群和股后面的皮肤。坐骨神经于腘窝处分支，在模型的腘窝部和小腿处辨认其分支胫前神经、胫后神经、腓神经等，它们分布于股后肌群、小腿肌、足底肌和小腿、足部皮肤。

3. 取传导通路模型，观察躯干和四肢一般感觉传导路途径

1）在模型上辨认每个断面在中枢的部位，以及与传导路有关的结构即脊髓丘脑侧束、脊髓丘脑前束、脊髓丘脑束、内囊、丘脑皮质束；脊神经节、脊髓后角细胞、丘脑外侧核、大脑皮质中央后回和中央旁小叶后部。

2）在辨认与传导路有关结构的基础上，在模型中追寻由躯干和四肢一般感受器，经脊神经节周围突传至大脑皮质感觉中枢的传导途径。注意第一至第三级神经元胞体所在位置，每级神经元纤维沿途交叉部位、上行途径，以及最终到达部位。

4. 取传导通路电动模型，观察意识性本体感觉传导路途径

1）在模型上辨认每个断面在中枢的部位，以及与传导路有关的结构：薄束、楔束、内侧丘系、丘脑皮质束、内囊；脊神经节、薄束核、楔束核、丘脑外侧核、大脑皮质中央后回和中央旁小叶后部。

2）在辨认与传导路有关结构的基础上，在模型中追寻意识性本体感觉传导途径。注意第一至第三级神经元胞体所在位置，每级神经元纤维沿途交叉的部位及其上行途径，最终到达部位。

5. 取传导通路电动模型，观察锥体系传导途径

1）在模型上辨认每个断面在中枢的部位，以及与传导路有关的结构，即内囊、大脑脚、锥体、锥体交叉、皮质脊髓前束、皮质脊髓侧束；大脑皮质中央前回、中央旁小叶前部、脊髓灰质前角。

2）在辨认与传导路有关结构的基础上，在模型中追寻锥体系传导途径。注意上、下两级神经元胞体所在部位，每级神经元纤维沿途交叉的部位及其下行途径，最终到达部位。

三、感觉器官的观察

（一）实验目的

1）了解眼球的解剖结构。

2）通过活体观察眼，了解眼副器。

3）了解耳的形态结构。

4）了解螺旋器、囊斑、壶腹嵴的微细结构。

（二）实验内容

观察视器的构造；观察耳的构造。

（三）实验器材

眼球模型，听小骨标本，耳放大模型，内耳放大模型，螺旋器、囊斑、壶腹嵴微细结构幻灯片。

（四）实验方法

1）每 2 个学生一组，根据教材和实验指导仔细观察标本和模型，掌握视器和耳的构造，相互观察眼睑、泪小点等附属结构。

2）实验前半小时进行实验抽查考试。

（五）实验步骤

1. 观察眼球外形

取眼球模型，可见到眼球近似球形，前部稍凸，后方连视神经。

2. 取水平切的眼球模型或标本的下半部，观察眼球的结构

（1）观察眼球壁的 3 层结构用眼球模型或标本进行观察

1）观察纤维膜（外层）。在模型或标本上辨认前 1/6 圆凸、无色透明的角膜，后 5/6 乳白色的巩膜。思考角膜与巩膜的功能。

2）观察血管膜（中层）。在模型或标本上辨认角膜后方呈圆盘状棕褐色的虹膜，以及虹膜上放射形排列的瞳孔开大肌，虹膜后面可见染成黑色、由色素细胞构成的色素层。虹膜向后环形增厚的部分是睫状体，取眼球标本观察睫状体借睫状小带与晶状体相连。思考睫状肌收缩对晶状体凸度的调节功能。

3）观察视网膜（内层）。在模型上辨认视网膜盲部和视部，以及视部后方的视神经盘、黄斑和中央凹。思考视网膜视部含哪些感光细胞？为什么盲部无感光作用？中央凹对什么感受最敏感？

（2）观察眼球的屈光装置

取眼球标本下半部观察，辨认角膜、前房水、后房水、晶状体和玻璃体。

3. 观察眼的附属结构

相互间或自我（对照镜子）进行活体人眼的附属结构观察。

1）相互间观察，眼睑与内眦，可见较大的上眼睑和较小的下眼睑。上、下眼睑间的裂隙是睑裂。眼睑的内侧端，上、下眼睑所夹成的角是内眦。眼睑的边缘生有睫毛。

2）将上、下眼睑翻开观察泪点与结膜，可见到内眦附近的上、下睑缘上有一小凸起，中央有一小孔是泪点，是泪小管的开口。衬在眼睑内面的一层光滑的薄

膜即睑结膜，移行于巩膜前部的是球结膜。结膜内富有血管。

4. 取耳放大模型、观察耳的3个组成部分

1）结合耳放大模型和听小骨标本，观察外耳的耳郭、外耳道和鼓膜的形态。

2）结合内耳放大模型，观察内耳中骨迷路和膜迷路的结构。例如，骨半规管，在模型上可见骨半规管位于前庭后方。根据方位分辨出前、后、外骨半规管，外半规管水平位，前半规管矢状面位，后半规管冠状面位，三者互相垂直。又如前庭，其位于骨迷路的中部，耳蜗的后方。在模型上辨认其外侧壁上前庭窗和蜗窗。再如，观察膜迷路，将内耳模型的骨迷路打开，可见膜迷路套在骨迷路管内。然后分别观察膜半规管、椭圆囊和球囊、蜗管。取下模型上的骨半规管，可见膜半规管套在骨半规管内，骨壶腹部相应膜部也膨大，即膜壶腹。膜壶腹壁可见局部增厚的壶腹嵴。将模型的耳蜗纵切打开，在纵切面上可见蜗管呈三角形，底边为白骨螺旋板至外侧壁的一段膜性结构，即螺旋膜，膜上可见凸出部分的螺旋器；上壁为前庭膜；外侧壁与蜗管紧贴。

5. 观察壶腹嵴、椭圆囊斑和球囊斑、螺旋器微细结构

1）在幻灯片上观察壶腹嵴微细结构，可见壶腹嵴上有毛细胞，表面覆以终帽，毛细胞底部有前庭神经末梢分布，它们构成位觉感受器。思考其功能。

2）在幻灯片上观察椭圆囊斑和球囊斑微细结构，可见囊斑上皮层内高柱状的支持细胞和毛细胞，毛细胞位于支持细胞之间，毛细胞上有纤毛插入位觉砂膜内，细胞底部有前庭神经末梢分布，它们构成位觉感受器。思考其功能。

3）在幻灯片上观察螺旋器微细结构，可见螺旋器在螺旋膜上，内有支持细胞和毛细胞，毛细胞位于支持细胞之间，其上方有一胶质薄膜，即盖膜，毛细胞底部有蜗神经末梢分布，它们构成听觉感受器。思考其功能。

第五节 肌电与肌力测量

一、等速测力仪测试肌力方法

（一）目的和原理

等速测力仪能够测定人体各主要关节和躯干肌肉群的力量。测试形式包括关

节肌肉群等速向心、离心收缩最大力量（力矩），给定负荷下的关节肌肉群等张向心、离心收缩最大力量（力矩），以及各关节角度下的关节肌肉群最大静力性力量（力矩），同时还可以获得其他相关的肌肉工作指标。

（二）测试方法和步骤

1. 测试前准备

测试前的准备工作包括开机，根据实验要求调机和安装组件；设定实验参数；记录受试者基本信息；带受试者做准备活动；测量受试者的有关指标；带受试者做专项准备活动以提高适应能力。

2. 测试要求

1）测试系统要由专业人员负责操作。

2）准备活动完毕后，按照操作手册的要求对受试者用绑带固定，同时进行必要的讲解。在每次正式测试前，要求测试对象进行两三次热身练习，以掌握动作要领。

3）通常按照如下顺序进行测试：等速向心收缩测试、等速离心收缩测试、等长收缩测试、等张收缩测试。

4）测试速度的选择，参照表 5-7 提供的参数。

表 5-7　测力仪测试速度建议* （单位：°/s）

测试与训练形式	慢速力矩曲线测试	高速力矩和耐力测试 普通受试者	高速力矩和耐力测试 能力强的受试者
肩关节屈/伸、外展/内收、旋内/旋外、绕环	60	180	240 或 300
肘关节屈/伸	60	180	240
前臂旋前/旋后	30 或 60	120	180
腕关节外展/内收、屈/伸	30 或 60	120	180
髋关节伸/屈、外展/内收、旋内/旋外	30 或 60	120	150
膝关节伸/屈、胫骨旋内/旋外	60 30 或 60	180 120	240 或 300 180
踝关节跖屈/背伸、内翻/外翻	30 或 60	120	180

* 卢德明. 运动生物力学测量方法[M]. 北京：北京体育大学出版社，2001.

5）测试所得数据立即保存，若有遗漏情况，则立即补测。数据保存之后再解开受试者身上的绑带。

6）打印测试报告。

（三）注意事项

1）对受试者的准备活动进行控制，为受试者讲解测试要求。

2）在测试的时候，对受试者的身体姿态进行严格监控，保证节运动轴线与测力仪连杆运动轴线重合。

3）测量有关实验指标时最好测 3 次，取 3 次数据的平均值。

4）为受试者示范动作。

5）要求受试者尽其所能完成每一个动作。

（四）测试指标与分析应用

测试指标包括等长测试指标和等速测试指标。对测试指标进行选取和分析应按照实验要求进行，如等长测试中，选取峰值力矩，相对峰值力矩和峰值力矩屈、伸比三个参数进行分析。

（五）等速力量测试实验

1. 实验测试动作

肘关节屈伸肌群等速（60°/s）向心收缩测试。

2. 实验测试目的

了解和掌握等速力量测试与分析方法。

3. 实验测试原理

等速测试是利用等速运动设备，以预先设定的运动速度完成测试动作。

4. 实验仪器设备

CONTREX 或 IOSMED2000 等速力量测试系统。

5. 实验测试步骤

1）由专业人员按测试操作基本要求进行。

2）测试受试者的身高、体重、前臂长度。

3)给定测试关节运动速度,测试肘关节屈、伸肌肉群工作的力矩,总功,平均功率,加速能等。测试参数设置如表 5-8 所示。

表 5-8　肘关节等速向心测试参数设置

测试速度/(°/s)	重复次数/次	组数/组	休息时间/s	备注
60	5	3	10	

4)肘关节的固定:受试者采用坐姿,肘关节的运动额状轴线与测试杆转动轴线重合,胸腹部用尼龙带固定,并在上臂和肩部加两条尼龙固定带,以确保肘关节尽量不移动。

5)每次测试结束保存测试结果。

测试结果可得到肘关节屈、伸肌群的峰值力矩,相对峰值力矩,峰值力矩屈、伸比,总功,相对总功,总功屈、伸比,平均功率,相对平均功率,平均功率屈、伸比,力矩加速能。通过对上述参数分析,评定肌肉能力。

二、肌电测试方法

(一)目的和原理

肌电测量包括有损伤测量和无损伤测量两大类,其主要区别在于电极的使用上:前者使用针电极,主要用于临床;后者使用表面电极。在实际应用中,大多数通过无损伤类的表面肌电遥测技术来测量肌电,获得的肌电信号为表面肌电图(sEMG)。

测试应注意肌电信号的影响因素,如放电频率、放电同步化程度等均有可能影响肌电信号的表达。

在以往的研究当中,已有人将肌力或肌力矩与肌电指标用于共同分析环节的运动及环节在运动过程中相关肌肉的肌电图指标的变换或肌肉贡献率等。

(二)测试方法和步骤

1. 测试前的准备

1)测量受试者的基本身体形态。

2）受试者进行准备活动。测量时，运动员的运动状态应接近于正式训练时准备活动后的状态。

3）每次实验之前，先将肌电仪系统预热 0.5h 左右，让系统处于待机状态。对肌电仪进行初始设置，包括采样频率、采样时间、滤波指数等，设置各道信号的放大倍数，并根据测量信号的强度而定。

2. 测试的要求

首先确定电极的安置点，然后按要求处理皮肤。在皮肤上安置表面电极，并检查电信号是否正常。

3. 测量的注意事项

以下是可能影响肌电信号的因素，应予注意，以免干扰实验。

1）电极要固定好。

2）电极贴的位置应统一。

3）测试环境温度。

4）皮肤类型。

5）准备活动的时间、运动量要统一。

6）测量前要对皮肤阻抗进行监测。

7）同一受试者进行多组测试时，组间间隔要掌握好，原则上应达到完全恢复（或与运动训练时的组间间隔一致）。

（三）表面肌电图分析

EMG（肌电图）能够描述肌肉电信号，并将其记录下来。肌电图仪所记录的肌电图是原始肌电图，可为人们提供肌肉活动强弱的有关数据，包括 EMG 振幅值和放电频率。为更加细致地对 EMG 进行分析，要对原始 EMG 做一定的处理，可采取以下几种途径。

1. 全波整流肌电图

由全波整流肌电图可以得出 EMG 的绝对值。根据全波整流肌电图，常常可以实现不同肌群活动相位的半定量评价，根据全波整流肌电图的幅值变化图形即可得出肌肉收缩水平的变化。

2. RMS

RMS（均方根振幅，即平均肌电图）主要为人们提供肌肉放电平均水平的数据。其计算公式为

$$\text{RMS}=\sqrt{\frac{1}{N\times\sum X_i^2}}$$

式中，N 为采样点个数，X_i 为每一点的肌电数据（幅值）。

在肌肉等长收缩至疲劳的研究中，科学家发现肌电幅值和肌肉疲劳之间具有正相关关系。

70%MVC 以上的等长收缩至疲劳时，虽然 RMS 仍然呈现出与肌肉疲劳之间的正相关关系，但其随着肌肉疲劳加深的增大幅度会减小。在等张收缩至疲劳的过程中，RMS 也随负荷增加而增大。

3. IEMG

IEMG（积分肌电图）是指肌电图曲线下包围的面积，单位为 mV·s。EMG 活动会导致信号积分质增加，因此 IEMG 可提供肌肉活动强弱的数据。其计算公式为

$$\text{IEMG}=\int_{N_2}^{N_1}X(t)\mathrm{d}t$$

式中，N_1 为积分起点，N_2 为积分终点，$X(t)$ 为肌电曲线，dt 为采样的时间间隔。

有研究表明，优秀运动员的 IEMG 高于一般运动员。有学者认为，IEMG 的变化除了与肌肉张力大小有关外，还与肌肉的拉长程度有关。科米（Komi）认为，无论向心收缩还是离心收缩，肌张力与 IEMG 都存在线性关系。

4. 肌电的平均功率频率（PMF）和中心频率（FC）

上述对肌电信号的处理分析称为时域分析。对生物电分析还涉及考查实时信号的频率特征，称之为频谱分析。反映肌电频率特性的指标有平均功率频率（PMF）和中心频率（FC），它们的算法不再介绍。

（四）肌肉表面肌电图（sEMG）测量实验

1. 实验测试内容

原地纵跳过程中一侧大腿股直肌和股二头肌长头的 sEMG。

2. 实验测试目的

了解和掌握肌电测量的方法，以及对 EMG 常用指标（RMS、IEMG）分析应用。

3. 实验测试原理

肌肉收缩时能产生电。研究证明，肌肉收缩与电有密切关系。用肌电图仪记录下肌肉产生电信号变化，即肌电图，通过对其处理、分析，来了解肌肉活动功能与特性。

4. 实验仪器设备

Biovision 或 Mega 肌电测试系统、有线测量。

5. 实验测试步骤

1）由专业人员按测试操作基本要求进行。

2）将电极安置在股直肌和股二头肌长头肌腹。其具体位置：股直肌是在髂前下棘至髌骨上缘的 1/2 处，股二头肌长头是在坐骨结节至腓骨小头的 1/2 处。

3）参数设置：采样频率为 1000Hz，滤波频率为 500Hz，信号放大倍数为 1000，采样时间为 15s。

4）开始采样的同时，受试者按"开始"口令做连续的原地纵跳 15 次，然后停止。要求受试者尽最大努力完成动作。

5）测试结束保存测试结果：测试结果得到原始 EMG，经过处理可以得到全波整流肌电图、平均肌电图（均方根振幅，RMS）、积分肌电图（IEMG）等指标，以此对肌肉活动顺序、收缩强度、疲劳等进行分析。

第六节　血液与物质代谢测量

一、常规血液指标的测定

红细胞计数、红细胞比容、血红蛋白是运动机能评定中比较重要也比较常用的测评指标。血红蛋白是一种含铁的蛋白质，分布于红细胞中，其主要发挥运输氧气和二氧化碳的功能，参与机体内的酸碱平衡调节。通常三种红细胞指标对照使用，主要用于评定机体有氧代谢能力和训练强度。

（一）红细胞计数

1. 目的和原理

目的是学习红细胞计数的方法并掌握其计数原理。红细胞计数是用稀释液将血液稀释一定的倍数后滴入血细胞计数板上，借助显微镜，对一定量的稀释血液中红细胞进行计数，再通过计算得出血液红细胞的数量。

2. 实验对象及用品

实验对象为鸡或家兔。实验用品有血细胞计数板、移液管（移液器）、西林瓶、计数器、盖玻片、显微镜、擦镜纸、小滴管、红细胞稀释液（0.9%氯化钠）等。

3. 方法及步骤

（1）稀释血液

用移液管（移液器）吸取0.02mL抗凝血放入西林瓶中，再加入3.98mL红细胞稀释液（0.9%氯化钠）摇匀，此时血液被稀释了200倍。

（2）熟悉血细胞计数板的结构

血细胞计数板为一长方形厚玻璃板，板上有4条凹槽排列于中部，中间2条凹槽之间的空间被分隔为两个平台区域，每个区域中间有一个计数室。在显微镜下，计数室被分成若干个方格，通常取中间大方格中四角的4个和中间的1个专门用来计数红细胞。

（3）充液

取盖玻片放在血细胞计数板上，使其均匀地盖住上下两个计数室。用小滴管将一小滴稀释血液滴在盖玻片边缘的玻片上，血液自动渗入计数室。

（4）计数

充液后静止1~2min，待红细胞下沉后，方可进行计数。

（5）计算红细胞数

将中央大方格中的5个中方格中的红细胞总数乘以10 000，即得每mm^3血液内的红细胞数。

（二）红细胞比容的检测

1. 目的和原理

通过本实验了解血液的组成，区别血浆、血清、血细胞及纤维蛋白，测定红细胞比容。

血液是一种广义的结缔组织,它是由液态的血浆和悬浮于其中的血细胞组成,抗凝情况下离心。由于血细胞比重略大于血浆,将出现分层,上部为血浆,下部压紧的血细胞占全血的体积比称为红细胞压积(packedcellvolum,PCV),又叫比容。若不加抗凝剂,血液凝固会析出血清。

2. 实验对象与用品

实验对象为家兔。实验用品有注射器、温氏(Wintrobe)比容管、吸管、离心机、抗凝剂(肝素)等。

3. 方法步骤

1)采家兔心血,混抗凝剂后用注射器徐徐注入温氏比容管,定容至刻度"0" 3000 r/min 离心 30min。取出,读取血细胞柱刻度;再次离心 5min,若刻度不变,即为血细胞压积值。

2)观察比容管中的血液,上层为血浆,下层为红细胞,中间的白色薄层为白细胞和血小板。

3)取新鲜血置试管中,静置片刻,可见浑浊的血变为一条血凝块,周围有清亮的血清析出。为加速此过程,可先离心几分钟或略加温。

4)取新鲜血置小烧杯中,立即用小竹刷搅动。取出竹刷,用自来水冲洗,可见上面缠绕的白色有韧性的纤维蛋白。脱纤维蛋白血不再凝固。

(三)血红蛋白的测定

1. 目的和原理

了解和练习沙利氏比色法测定血红蛋白含量。血液加入稀盐酸后,血红蛋白转化成不易变色的棕色的高铁血红蛋白,可与标准比色板进行比色,从而测得血红蛋白含量。

2. 实验对象与用品

实验对象为人或动物。实验用品有沙利氏血红蛋白计、酒精棉球、0.1mol/L 盐酸、蒸馏水等。

3. 方法步骤

1)先检查血红蛋白计的测定管和吸血管是否清洁,如不清洁,则依次用自来水、蒸馏水（3次）、95%酒精（3次）和乙醚（1或2次）清洗。

2）将 0.1mol/L 盐酸加入测定管中至刻度"2"或"10%"处。

3）用酒精棉球消毒采血部位，以采血针采血，用吸血管插入流出的血滴深处，吸血至刻度 20 处，拭净外壁，将血液立即吹入测定管的盐酸中反复吸吹，使吸血管中血液全部进入盐酸液中（避免起气泡）。混匀，10min 后，逐滴加入蒸馏水使液体颜色变浅，边加边混匀并与标准比色板比较，至二者颜色相同止。

4）读出测定管内液体凹面最低处的刻度，即为每 100mL 血液中血红蛋白的克数。另一面的刻度表示百分率，可参照血红蛋白计的说明换算成克数以核对读数。

4. 注意事项

加水稀释不可过急，如液体颜色比比色板淡，则需倒掉重做。

二、血糖的测定（葡萄糖氧化酶-过氧化物酶法）

（一）实验目的

1）学习血糖定量测定的方法，了解其原理。
2）掌握运动训练中血糖变化的意义。

（二）实验原理

葡萄糖能被葡萄糖氧化酶（GOD）氧化成葡萄糖酸，并产生过氧化氢，后者与苯酚及 4-氨基安替比林在过氧化酶（POD）作用下产生红色醌亚胺化合物，其颜色深浅与葡萄糖含量成正比。

$$葡萄糖 + O_2 + H_2O \xrightarrow{GOD} 葡萄糖酸 + 4H_2O_2$$
$$2H_2O_2 + 4\text{-氨基安替比林} + 苯酚 \xrightarrow{POD} 醌亚胺（红色）+ 4H_2O$$

（三）主要试剂和仪器

（1）仪器

721 或 722 型分光光度计、试管及试管架、恒温水浴箱、分析天平等。

(2) 试剂及配制

本实验采用市售试剂盒,主要组成如下。

1) 葡萄糖标准储存液 (10 mg 为 1 mL): 精确称取纯无水葡萄糖 1 g, 加 0.25% 苯甲酸溶解, 并稀释至 100 mL。

2) 葡萄糖标准应用液 (1 mL 为 1 mg; 5.55 mmol/L): 准确吸取葡萄糖标准储存液 10 mL, 用 0.25% 苯甲酸稀释至 100 mL。

3) 酶制剂成分: 主要包括葡萄糖氧化酶 2000 U/L、过氧化物酶 3000 U/L、4-氨基安替比林 4 mmol/L。

4) 1% 苯酚溶液。

(四) 实验步骤

1) 用蒸馏水将 1% 苯酚稀释至 0.1%。

2) 酶酚混合液的制备: 将 0.1% 的苯酚溶液与等量的酶试剂混合。

3) 取 3 支大试管, 按照空白管 (O)、标准管 (S) 和测定管 (X) 编号, 按表 5-9 进行操作。

表 5-9 血糖浓度测定的加样程序　　　　　(单位: mL)

样品＼试管	空白管 (O)	标准管 (S)	测定管 (X)
血清	—	—	0.02
葡萄糖标准液	—	0.02	—
酶酚混合液	3.0	3.0	3.0

各管摇匀,置 37℃水浴中保温 20min

4) OD (光密度) 值的测定: 冷却至室温, 以空白管调零, 505nm 波长比色, 分别测定 S 管和 X 管的 OD 值。

5) 血糖浓度的计算: 按照下列公式计算血糖的浓度

$$葡萄糖(mg/dL) = \frac{OD_X}{OD_S} \times 100$$

$$葡萄糖(mmol/L) = 葡萄糖(mg/dL) \times 0.0555$$

（五）注意事项

1）本法对葡萄糖有特异性，不受其他糖存在的影响，亦可用于尿糖测定。

2）本法标本用量小，取样时力求准确。

3）由于糖酵解仍可在全血中以每小时 7%速率进行，所以应在取样后 30 min 内分离血清，且应避免溶血，防止红细胞中葡萄糖-6-磷酸溶入血清，影响结果。

4）分离后的血清样本在 2～8℃可保存 24 h，–20℃下可存放 1 个月。

（六）指标应用

正常人空腹血糖浓度为 4.4～6.6 mmol/L（80～120 mg/dL），低于 3.8 mmol/L 称低血糖；高于 7.2mmol/L 称高血糖；血糖浓度为 8.8mmol/L 称肾糖阈，此时尿中也可测出糖。

运动员安静时与普通人血糖正常值无差异，运动时会随运动强度和持续时间出现变化。短时间激烈运动时，主要依靠肌糖原分解供能，血糖供能很少，血糖值变化不大；长时间运动时骨骼肌吸收利用血糖的过程加强、速度加快，血糖下降。因此可根据血糖的变化，及时补糖，维持血糖水平，延迟血糖下降，有利于推迟运动性疲劳的发生。

三、血乳酸的测定（杨氏改良法）

（一）实验目的

1）学会测定血乳酸的方法。

2）掌握血乳酸的运动生化评定方法及意义。

（二）实验原理

去蛋白血滤液中的乳酸能被热浓硫酸氧化生成乙醛，在铜离子存在时，乙醛与对羟基联二苯反应生成紫红色复合物，其显色程度与生成的乙醛成正比，故可用比色方法求出血液中乳酸的含量。

（三）主要试剂和仪器

（1）仪器

721 或 722 型分光光度计、试管及试管架、恒温水浴箱、分析天平、离心机等。

（2）试剂及配制方法

1) 1%氟化钠溶液。

2) 10%三氯醋酸溶液。

3) 浓硫酸（GR）。

4) 对羟基联二苯溶液：称取 1.5 克对羟基联二苯，溶于 10 mL 热的 5% NaOH 溶液中，待溶解后加热蒸馏水稀释至 100 mL，冷却后储存于棕色瓶中。

5) 4%$CuSO_4$ 溶液。

6) 乳酸标准储存液（1 mg/mL）：精确称取乳酸钙或乳酸锂 173 mg，用蒸馏水溶解至 100 mL。

7) 乳酸标准应用液（0.01 mg/mL）：取 1 mL 储备液，用 100 mL 容量瓶加蒸馏水稀释至刻度。

8) 乳酸空白液：将 1%NaF 和 10%三氯醋酸按 1∶3 体积比混合而成。

（四）实验步骤

1) 制备无蛋白血滤液。取 2 支离心管，按表 5-10 操作。

表 5-10 无蛋白血滤液的制备 （单位：mL）

样品 试管	离心管 I
1%NaF	0.48
新鲜血液	0.02
10%三氯醋酸	1.5

混匀，离心 5min（3000r/min），将上清液倒入另一离心管中

2) 取 3 支大试管，按照空白管（O）、标准管（S）和测定管（X）编号，按表 5-11 进行操作。

表 5-11 血乳酸测定的加样程序

试管\样品	空白管（O）	标准管（S）	测定管（X）
乳酸空白液/mL	0.50	—	—
乳酸标准应用液/mL	—	0.50	—
无蛋白血滤液/mL	—	—	0.50
4%$CuSO_4$/滴	1	1	1
浓硫酸/mL	3	3	3
摇匀，置沸水浴 5 min 后，冷水浴冷却至 15℃左右			
对羟基联二苯/滴	2	2	2
在液体混合器上充分混匀，置 37℃水浴保温 15min，期间每 5min 振摇一次			
沸水浴 90s，冷水浴冷却至室温			

3）OD 值的测定：以空白管调零，560 nm 波长比色，测定各管的 OD 值。

4）血乳酸浓度的计算。按照下列公式计算血乳酸的浓度

$$血乳酸（mg/dL）= \frac{OD_X}{OD_S} \times C_S \times \frac{2}{0.02}$$

$$血乳酸（mmol/L）= 血乳酸（mg/dL）\div 9$$

（五）注意事项

1）浓硫酸对显色影响很大，必须选用纯净浓硫酸。加浓硫酸时，应把试管放入冷水中，慢慢滴加。

2）准确控制水浴温度与时间。

3）滴加对羟基联二苯时试管应充分冷却，滴加时防止附着于管壁并充分摇匀。

（六）指标应用

正常人安静时血乳酸浓度保持在 1~2 mmol/L，运动时血乳酸的变化与所动用的能量系统有关。以磷酸原系统供能为主的运动，血乳酸一般不超过 4mmol/L；

以糖酵解系统供能为主的运动，血乳酸可达 15mmol/L 以上；而以有氧氧化系统供能为主的运动，血乳酸在 4 mmol/L 左右。

在训练时可通过测血乳酸峰值的变化掌握运动强度以及运动员代谢能力的变化。运动后血乳酸浓度变化可评定运动员训练水平及用于选材；还可根据运动后乳酸的消除速率评定运动员机能能力。

血乳酸测定时取样时间非常重要，安静值应在早晨起床前安静时采样；运动后血乳酸的测定应根据不同运动项目而定，一般运动强度较低的运动在运动后 20 s 左右取样，中等强度运动在 1～6 min 取样，大强度运动在 3～12 min 取样。在实际测试时，可多选几次采血时间如 1 min、3 min、5 min……间隔采样。

四、尿蛋白的测定

（一）实验目的

1）学习尿蛋白的定性检查及定量测定方法。
2）掌握尿蛋白指标在运动训练中的应用。

（二）实验原理

蛋白质与磺基水杨酸结合生成不溶性蛋白质盐沉淀而呈白色浑浊，在一定范围内，其浑浊度与蛋白质含量成正比。因此，通过肉眼可定性观察和判断尿液中有无蛋白及阳性强弱（磺基水杨酸法）。

蛋白质分子中含有许多肽键，在碱性溶液中能与 Cu^{2+} 作用产生紫红色络合物（—CONH—），与双缩脲分子结构（H_2N—CO—NH—CO—NH_2）相似，故称双缩脲反应。其紫红色络合物颜色的深浅与蛋白质浓度成正比，可用比色法测定其含量（双缩脲法）。

（三）主要仪器和试剂

（1）仪器

721 或 722 型分光光度计、试管、离心机等。

（2）试剂及配制方法

1）3%磺基水杨酸溶液：称取磺基水杨酸 3.0 g，加蒸馏水溶解并稀释至 100 mL。

2）0.075 mol/L 硫酸溶液。

3）0.15%钨酸钠溶液。

4）生理盐水（0.9%NaCl）。

5）双缩脲试剂：称取硫酸铜（$CuSO_4 \cdot 5H_2O$）1.5 g，加蒸馏水约 200 mL，加热溶解，冷却。称取酒石酸钾钠（$C_4H_4O_6KNa \cdot 4H_2O$）6g，加蒸馏水约 300 mL，加热溶解。将上述两液混合，加入 10%NaOH 300 mL，混合后加蒸馏水至 1000 mL，置于塑料试剂瓶中，此试剂可长期保存。

6）标准蛋白溶液（1mL = 0.5 mg）：准确称取 50 mg 牛血清蛋白粉末，用少量 0.1 mol/L NaOH 溶液湿润溶解，加蒸馏水至 100 mL，4℃冰箱保存。

（四）实验步骤

1）每组选 1 名身体健康的同学，在运动前用一次性尿杯留取中段尿液后，充分做好准备活动，然后在 400 m 田径场上尽全力进行 5000 m 长跑。

2）在运动后 10 min 内用一次性尿杯留取中段尿液，如测 24 h 尿蛋白，则需将 24 h 尿液混匀后留样。用 pH 试纸测试尿液酸碱度，若 pH 超过 8.0，用少量 30%醋酸调节至中性偏酸。

3）进行尿蛋白定性测试。取一小试管，加入尿液 0.5 mL（约 10 滴），再加入 3%磺基水杨酸溶液 1.5 mL，摇匀。1 min 内并按表 5-12 判断结果。

表 5-12 尿蛋白定性结果判断

结果	报告方式	蛋白质含量/（g/u）
清晰透明	-	<0.01
黑色背景下可见轻微混浊	极微量	0.05～0.09
轻微浑浊	±	0.1～0.49
白色浑浊，无沉淀	+	0.5～0.9
混浊，颗粒沉淀	++	1.0～1.9
混浊，大量絮状沉淀	+++	2.0～5.0
浑浊，大凝块	++++	>5.0

若尿蛋白在"+++"至"++++",则需将尿液稀释5倍后使用。

4)沉淀蛋白。取一大离心管,加入5.0 mL尿液或稀释尿液,2.5 mL 0.075 mol/L硫酸和2.5 mL 0.15%钨酸钠,充分混匀后,静置10 min,以3000r/min离心5 min,倾去上清液,将试管倒置沥干,保留沉淀。

5)另取6支大试管,分别作为空白管（O）及标准管（$S_1 \sim S_5$）,上述含沉淀物的离心管为测定管,标号后按表5-13进行操作。

表5-13　尿蛋白测定的加样程序　　　　　（单位：mL）

试管 样品	空白管（O）	标准管					测定管
		S_1	S_2	S_3	S_4	S_5	
生理盐水	1.0	0.8	0.6	0.4	0.2	—	1.0
标准蛋白溶液	—	0.2	0.4	0.6	0.8	1.0	—
双缩脲试剂	4.0	4.0	4.0	4.0	4.0	4.0	4.0
充分混匀,置37℃水浴15 min							

6)测定OD值。以空白管调零,540 nm波长比色,测定各管的OD值。

7)尿蛋白浓度的确定。在坐标纸上,以光密度（OD）为纵坐标,浓度（C）为横坐标,绘制出标准曲线图。根据X管的OD值在标准曲线上查出尿蛋白浓度,再乘以稀释倍数即为待测尿液中尿蛋白的浓度。

（五）注意事项

1)正常人安静时本试验呈阴性反应,但尿中盐类结晶较多时也出现假阳性反应,可先加热原尿,使其浑浊消失,再加入磺基水杨酸。

2)本法很敏感,判断结果应严格控制在1min内,时间延长会使反应强度升级而影响判断。

3)尿液较混浊时,应先加热清除无机盐结晶。

（六）实验结果

记录实验结果,如表5-14所示。

表 5-14　运动前、后尿蛋白含量的变化

项目	尿蛋白	
	定性	定量/（g/L）
运动前		
运动后		

（七）结果分析

根据实验结果，围绕运动前、后尿蛋白的变化及其尿蛋白的测定在运动实际中的应用进行分析讨论。

（八）指标应用

正常人尿蛋白含量在 2mg/dL 以内，24h 总量为 10～150mg，用一般方法不易检测出来，称尿蛋白阴性。运动可引起尿蛋白增多，称运动性尿蛋白。尿蛋白的测定可作为评定运动负荷、身机能状况及恢复情况的生化指标。

应用时，一般采集晨起安静时尿液与运动后 15min 尿液进行比较，以评定一次运动负荷的大小。运动量大，尤其是强度越大尿蛋白生成量越多。采集运动后 4h 或次日晨尿液，可观察身体机能状况及恢复情况。若发现运动后 4h 或次日晨尿蛋白下降到正常值，说明机能已恢复；若仍在较高水平，则说明尚未恢复。在完成相同运动负荷或比赛时若尿蛋白稳定，说明机能状态良好，机能状态下降时尿蛋白明显增加；训练水平提高后，在完成相同运动负荷或比赛后尿蛋白会出现下降趋势；连续测试若发现恢复时间延长，则说明机能水平下降。

影响运动性尿蛋白的因素较多，如机能状况、训练手段、情绪、环境、年龄等，且存在个体差异，因此，可在一个训练周期中进行跟踪测试，根据个体尿蛋白变化规律评定训练负荷、系统监测机体对训练负荷的适应情况。

第七节　血清酶与激素测量

当机体接受一定的运动负荷时，其物质代谢、能量代谢系统必然产生相应的

改变，以至引起内环境的变化。近年来，在运动员机能评定中，尤以某些相关血清酶活性的变化研究为多，为运动负荷及组织损伤的评定提供了理论依据。

酶是活细胞产生并在细胞内发挥其催化功能的生物催化剂。那些存在于血液中的酶，被称为血清酶或血浆酶。

血清酶的去路主要有以下几条：第一，在血管内为蛋白酶所降解；第二，代谢产物随尿排出体外；第三，在肝脏内代谢。正常安静情况下，血清酶的来源和去路处于动态平衡，因此，它们的活性相对稳定，在正常范围内变动。激烈运动时，血清酶活性会出现相应的变化。

运动引起血清酶活性增高的原因，主要是运动使细胞膜通透性增加，儿茶酚胺类物质释放增多，或组织细胞损伤等，引起酶从细胞漏出进入血液增多。训练后，血清酶活性升高的幅度与恢复的快慢，可以反映运动强度和训练量的大小以及身体的适应情况。因此，大运动量训练后，血清 CK、LDH、ALT、AST 活性的变化，可以间接地评定运动负荷并反映组织的损伤和修复状况。

一、血清肌酸激酶

肌酸激酶（creatine phosphokingase，CK）在人体骨豁肌、心肌、脑组织中都含有，但以骨骼肌含量为最多。CK 是骨骼肌能量代 If 的关键酶之一，其作用是催化三磷酸腺苷和磷酸肌酸之间高能磷酸键可逆性的转移。它是短时间激烈运动时能量补充和运动后 ATP 恢复的关键酶，与运动时、运动后能量平衡及转移的关系密切。

血清肌酸激酶（serum creatine phosphokinase，SCK）大部分来自骨骼肌，正常情况下，肌细胞膜结构完整、功能正常，CK 极少透出细胞膜。安静时，SCK 总活性的范围为：

成年男子 10～100U/L，成年女子 10～60U/L。

男运动员 10～300U/L，女运动员 10～200U/L。

（一）原理

磷酸肌酸和腺苷二磷酸（ADP）在肌酸激酶催化下，生成肌酸和腺苷三磷酸（ATP）。肌酸与双乙酰及 α-萘酚结合生成红色化合物。在一定范围内，红色深浅与肌酸量成正比，以此可以求得血清中 CK 活性。Mg^{2+}为激活剂，半胱氨酸供给巯基，氢氧化钡和硫酸锌沉淀蛋白并终止反应。

试剂：

1. Tris-HCL 缓冲液（pH7.4）

称取 Tris2.42g，加蒸馏水 100mL、0.2/L HCL188.8mL、无水硫酸镁 0.34g，调 pH 至 7.4。室温可保存数日。

2. 0.012mol/L 磷酸肌酸溶液

称取磷酸肌酸钠盐 43.6mg，加蒸馏水 10mL 溶解。溶解后保存于-25℃或冰箱冷冻室冰盒中。

3. 0.004mol/L ADP 溶液

称取 ADP 钠盐 23.3mg，加蒸馏水 10mL 溶解，保存于-5℃或冷冻室冰盒中。

4. 混合底物溶液

临用前，将试剂 1、2 及 3 等量混合。在此混合底物溶液 9mL 中，加入盐酸半胱氨酸 31.5mg，调 pH 至 7.4，置冰盒中保存可用一周。若空白管吸光度太高，表明有游离肌酸产生，不能再用。

5. 50g/L 硫酸锌溶液

准确称取 $ZnSO_4 \cdot H_2O \cdot 5g$，蒸馏水溶解并稀释到 100mL。

6. 60g/L 氢氧化钡溶液

称取氢氧化钡 6g，溶于 100mL 热蒸馏水中，煮沸数分钟，冷却后加蒸馏水至 100mL，过滤。

取 5mL 50g/L 硫酸锌溶液，加少量蒸馏水和酚酞指示剂 2 滴，用氢氧化钡溶液滴至出现粉红色为止。根据滴定结果，用蒸馏水稀释氢氧化钡溶液，使其恰与等体积的硫酸锌溶液中和。

7. 储存碱溶液

称取氢氧化钠 30g，无水碳酸钠 64g，加入蒸馏水中溶解，并稀释至 500mL。置塑料瓶保存。

8. α-萘酚溶液

称取 α-萘酚溶液 400mg，加储存碱液 10mL。需新鲜配制，否则空白吸光度增高。

9. 双乙酰溶液

先配成 10g/L 水溶液，冰箱保存可用数月。临用前用蒸馏水 20 倍稀释。

10. 1.7mmol/L 肌酸标准液

准确称取无水肌酸 22.3mg，加入蒸馏水至 100mL，冰箱保存可用数月。

（二）操作

取试管 3，按表 5-15 所示操作。

表 5-15　实验试剂添加表

试管 试剂/mL	测定	标准	空白
血清	0.1	—	—
肌酸标准液	—	0.1	—
蒸馏水	—	—	0.1
底物溶液（37℃；预温 5min）	0.75	0.75	0.75
混匀，37℃水浴箱保温 30min			
氢氧化钡溶液	0.5	0.5	0.5
硫酸锌溶液	0.5	0.5	0.5
蒸馏水	0.5	0.5	0.5
充分震荡摇匀、离心（2000r/min）10min，另取 3 支试管继续操作			
上清液	0.5	0.5	0.5
α-萘酚溶液	1.0	1.0	1.0
双乙酰溶液	0.5	0.5	0.5
混匀，37℃水浴 15~20min			
蒸馏水	2.5	2.5	2.5
混匀，空白管调 0，540mn 比色			

单位定义：1mL 血清在 37℃与底物作用 1 小时产生 1μmol 肌酸为 1 个 CK 活力单位，若将此单位乘以 1000/60（或 16.7）可换算成国际单位（U/L）。

计算：

$$CK\text{ 单位} = \frac{OD_{测}}{OD_{标}} \times \text{标准管肌酸含量（μmol）} \times \frac{1}{\text{反应时间（h）}} \times \frac{1}{\text{血清用量（mL）}}$$

$$= \frac{OD_{测}}{OD_{标}} \times 0.17 \times \frac{1}{0.5} \times \frac{1}{0.1}$$

$$= \frac{OD_{测}}{OD_{标}} \times 3.4$$

正常值为 0.5～3.6 单位或 8～60U/L。

评定意义：SCK 活性的变化，可作为评定骨骼肌微细损伤及其适应与恢复的重要生化指标。在运动实践中，用 SCK 评定骨骼肌负荷的优势在于，从能量代谢方面看，肌肉对刺激所产生的反应较为明显，而 SCK 活性变化可灵敏地反映骨骼肌能量代谢的变化。此外，可以了解肌细胞在超量供能情况下，SCK 脱离肌细胞进入血液的数量变化。根据 SCK 变化来调节训练强度是科学的，对防止过度疲劳也具有重要意义。

二、血清乳酸脱氢酶

乳酸脱氢酶（lactate dehydrogenase，LDH）是催化乳酸和丙酮酸之间相互转化的酶。它在人体内共有五种同工酶，分布于各组织器官内，其中心型乳酸脱氢酶（H-LDH）主要存在于心肌细胞内，肌型乳酸脱氢酶（M-LDH）主要存在于骨骼肌内。乳酸脱氢酶同工酶不仅在分布上呈现不均一性，而且其催化特性也不相同。心型乳酸脱氢酶催化由乳酸生成丙酮酸的反应，生成的丙酮酸进一步氧化，释放能量供给心肌利用。肌型乳酸脱氢酶催化丙酮酸生成乳酸的反应，对保证肌肉在短暂缺氧时仍能获得 ATP 是极为重要的，它是糖酵解供能系统的关键酶之一，是评定糖酵解系统供能能力的重要指标。血清乳酸脱氢酶（semm lactate dehydrogenase，SLDH）主要源于骨骼肌，为肌型乳酸脱氢酶。

正常生理状态下，血清乳酸脱氢酶活性为 125～290U/L。可采用比色测定法进行测定。

（一）原理

以 NAD+作受氢体，LDH 催化乳酸脱氢生成丙酮酸，丙酮酸与 2，4-二硝基苯肼作用生成丙酮酸二硝基苯腙，后者在碱性溶液中显棕红色，颜色深浅与丙酮酸浓度成正比，由此推算 LDH 活性单位。

（二）试剂

1）底物缓冲液，0.3mol/L，pH8.8：称取二乙醇胺 2.1g、乳酸锂 2.88g，加蒸馏水约 80mL，以 1mol/L 盐酸校正 pH 至 8.8，加水至 100mL。

2）辅酶Ⅰ溶液，11.3mmol/L：称取氧化型辅酶Ⅰ15mg（如含量为 70%，则称取 21.4mg），溶于蒸馏水 2mL 中，4℃保存至少可用两周。

3）2，4-二硝基苯肼溶液，1mmol/L：称取 2，4-二硝苯肼 200mg，加 4mol/L 盐酸 250mL，加水约 600mL，加热助溶，冷却后加水至 1L。

4）0.4md/L 氢氧化钠。

5）丙酮酸标准液，1μmol/L：准确称取 AR 级丙酮酸钠 11mg，以底物缓冲液溶解并稀释到 100mL，临用前配制。或取 1mg/mL 丙酮酸标准液 0.88mL，加底物缓冲液 10mL。

（三）操作

按表 5-16 所示进行操作。

表 5-16　LDH 比色测定法操作步骤

加入物	测定管	对照管
血清/μL	10	10
底物缓冲液/mL	0.5	0.5
37℃水浴 5min		
辅酶Ⅰ溶液/ral	0.1	—
37℃水浴 15min		
2，4-二硝基苯肼溶液/mL	0.5	0.5
辅酶Ⅰ溶液/mL	—	0.1
37℃水浴 15min		
0.4mol/L 氢氧化钠/mL	5	5

室温 3min 后比色，440nm 波长，用蒸馏水调吸光度至 0，读取两管吸光度，以两管吸光度之差查标准曲线，求酶活力单位。

单位定义：以 100mL 血清 37℃作用 15min 产生 1μmol 丙酮酸为一个单位。这是金氏法测 LDH 的单位。

标准曲线制备如表 5-17 所示。

表 5-17　LHD 比色测定法标准曲线制备操作步骤　　　（单位：mL）

加入物	管号						
	B	1	2	3	4	5	6
丙酮酸标准液	—	0.025	0.05	1	0.15	0.20	0.25
底物缓冲液	0.50	0.475	0.45	0.40	0.35	0.30	0.25
蒸馏水	0.11	0.11	0.11	0.11	0.11	0.11	0.11
2,4-二硝基苯肼溶液	0.5	0.5	0.5	0.5	0.5	0.5	0.5
37℃水浴 15min							
4mol/L 氢氧化钠	5	5	5	5	5	5	5
相当于 LDH 单位	0	250	500	1000	1500	2000	2500

3min 后比色，440mm 波长，以 B 管调 0。读取各管吸光度并与相应单位绘制标准曲线。

参考值：195～437 单位/dL（1950～4570 单位/L）。

三、激素

运动训练作为对机体的强烈刺激，必将导致身体机能与内环境发生剧烈的应激反应，内分泌系统各内分泌腺体和细胞分泌的激素量即有所改变，从而导致血液中激素含量发生改变。目前在运动训练中对体内激素变化最常用和最成熟的指标是血清睾酮（testosterone，T）、血清皮质醇（cortisol，C）、血清睾酮/皮质醇（T/C）、血液或尿液中的儿茶酚胺（catecholamine）等。

睾酮、皮质醇都是人体代谢的激素，血液中激素水平不正常，可能表示过度训练，抑制机体的免疫机能。在实际工作中，常用血清睾酮、皮质醇含量以及睾酮与皮质醇比值，衡量运动员体内代谢功能是否正常。一般来说，在训练过程中，血清睾酮水平变化不大，且有体能增强伴有血清睾酮增加的趋势，表明运动员身体机能良好，此时机体代谢功能较强，可加大其训练强度，追求更好的训练效果。若血清睾酮水平下降，表明机体出现疲劳、过度训练或机能状态不良。与此同时，运动员安静时血清皮质醇水平在系统训练初期是上升的，经过一定的训练周期后，其又会恢复到原有水平，这表明运动员适应了训练应激成分。因此，在实际应用中可以测定训练前、训练中期和后期以及赛前运动员安静时血清皮质醇水平来评定运动员对训练负荷的适应情况。如果在测定之后发现运动员的血清皮质醇浓度一直保持在较高水平,就表示可能引起过度训练和运动员的免疫功能下降,从而使运动员易发生上呼吸道感染,导致运动能力下降。

在运动实际中,常常用运动员安静时血清睾酮与皮质醇比值(T/C)来对运动员的基本状况进行监督和控制。

这里,笔者以血清睾酮和皮质醇的测定为例,阐明激素测定实验。

(一)睾酮和皮质醇的放射免疫法测定

1. 实验原理

放射免疫(radioimmunoassay,RIA)分析中应用放射性同位素标记物进行检测。本实验的原理为,睾酮或皮质醇与 ^{125}I-睾酮或 ^{125}I-皮质醇会共同与一定量特异性抗体产生竞争型免疫反应。对实验反应后的样品放射性强度进行测算,即可得知样品中睾酮或皮质醇的含量。

2. 仪器与试剂

1)测试仪器。γ 计数器、恒温水浴箱、微量移液器等。

2)试剂及配制。

使用睾酮或皮质醇放射免疫试剂盒,其中主要包括睾酮或皮质醇标准品、^{125}I-睾酮或 ^{125}I-皮质醇、睾酮或皮质醇抗体、免疫分离剂、缓冲液以及睾酮或皮质醇质控血清。

3. 测试样品的采集

上午 7:00～8:00 抽取空腹静脉血 3 mL 放入无菌试管中,在室温下静置,待血液凝固后,以 3000 r/min 离心 10～15 min 后,取血清待测。

4. 操作方法

1)将试剂盒从冷藏环境中取出,在室温下平衡 15～30 min。按照试剂盒中的要求配制标准品等。

2)取若干支圆底聚苯乙烯试管,并对其进行编号以便于区分,然后按照表 5-18 对试管加样,加样应采用微量加样器。

表 5-18 RIA 法加样程序表

试剂/μL	管别				
	总 T	NSB 管	"0 标准" 管	各标准管	样品管
零标准	—	50*	50*	—	—
睾酮或皮质醇标准品（$S_0 \sim S_5$）				50*	
待测样品					50*
^{125}I-睾酮或 ^{125}I-皮质醇	100	100	100	100	100
双蒸水		100			
睾酮或皮质醇抗体			100	100	100
充分摇匀后，37℃温育 45～120 min**						
免疫分离剂		500	500	500	500

注：不同种类或不同厂家生产的试剂盒，*加样量有可能不同，**温育时间有可能不同；所以在实验前必须认真阅读试剂盒说明书，严格按照说明书上的要求操作。

3）充分摇匀后，室温放置 15 min，3500 r/min 离心 15 min，吸取上清液，弃之，对各沉淀管的放射性计数（cpm）进行测量。

4）数据处理。

可采用联机处理，由电脑自动处理得出结果。

5）注意事项。

第一，采血时应避免溶血，血清量不少于 100μL。

第二，在每次测定的同时做标准曲线，最好做复孔。

第三，温育时应采取措施避免蒸汽凝成水滴进入试管干扰实验。

（二）睾酮和皮质醇的 Elisa 法测定

1. 实验原理

本试剂盒应用双抗体夹心法测定血清睾酮或皮质醇的含量。用纯化的睾酮或皮质醇抗体包被微孔板，制成固相抗体，往包被单抗的微孔中依次加入睾酮或皮质醇标准品或被测样本，再与 HRP 标记的睾酮或皮质醇抗体结合，形成抗体-抗原-酶标抗体复合物，经过彻底洗涤后加底物 TMB 显色。TMB 在 HRP 酶的催化下转化成蓝色，并在酸的作用下转化成最终的黄色。颜色的深浅和样品中的睾酮或皮质醇含量呈正相关。用酶标仪在 450nm 波长下测定吸光度（OD 值），通过标准曲线计算样品中血清睾酮或皮质醇浓度。

2. 仪器与试剂

（1）测试仪器

酶标仪、恒温水浴箱、微量移液器等。

（2）试剂及配制

使用睾酮或皮质醇 Elisa 试剂盒，其中主要包括酶标包被板、睾酮或皮质醇标准品、标准品稀释液、酶标试剂、样品稀释液、显色剂 A、显色剂 B、终止液、封板膜和浓缩洗涤液。

3. 测试样品的采集

上午 7:00～8:00 抽取空腹静脉血 3 mL 放入无菌试管中，在室温下静置，待血液凝固后，以 3000r/min 离心 10～15min 后，取血清待测。

4. 操作方法

1）将试剂盒从冷藏环境中取出，在室温平衡 15～30 min。按照试剂盒中的要求用标准品稀释液配制不同浓度的标准品，用样品稀释液将被测血清进行稀释等。

2）按照表 5-19 的加样程序进行操作。

表 5-19 Elisa 法加样程序表

试剂（μL）	酶标板孔		
	空白孔	标准品孔	被测样品孔
标准品	—	50*	
被测样品	—		50*
用封板膜封板后，置 37℃温育 30 min**			
小心揭掉封板膜，弃去液体，甩干，每孔加满洗涤液，静置 30 s 后弃去，如此重复 5 次，拍干			
酶标试剂	—	50	50
用封板膜封板后，置 37℃温育 30min**			
小心揭掉封板膜，弃去液体，甩干，每孔加满洗涤液，静置 30s 后弃去，如此重复 5 次，拍干			
显色剂 A	50	50	50
显色剂 B	50	50	50
轻轻震荡混匀，37℃避光显色 15 min			
终止液	50	50	50

注：不同种类或不同厂家生产的试剂盒，*加样量有可能不同，**温育时间有可能不同；所以在实验前必须认真阅读试剂盒说明书，严格按照说明书上的要求操作

3）以空白空调 0，450nm 波长依序测量各孔的吸光度（OD 值）。测定应在加终止液后 15 min 以内进行。

4）计算。按要求绘出标准曲线，查出相应浓度，并乘以稀释倍数。

（三）睾酮和皮质醇的参考值

1. 睾酮参考值

睾酮参考值如表 5-20 所示。

表 5-20　不同人群血清睾酮的参考值　　　　（单位：nmol/L）

项目	男	女
儿童	<8.8	<0.7
成人	14～25.4	1.3～2.8
运动员	9.5～35.0	0.35～3.50

注：nmol/L（国际单位）×28.6 = ng/dL（常用单位）

2. 皮质醇的参考值

皮质醇参考值如表 5-21 所示。

表 5-21　在不同时间点皮质醇的参考值

时间	零时	8 时	16 时
参考值	2～5 μg/dL （55～140 nmol/L）	6～26 μg/dL （165～720 nmol/L）	2～9 μg/dL （55～250 nmol/L）

注：μg/dL（常用单位）×27.59 = mnol/L（国际单位）

第六章　高校足球运动的综合实验

第一节　代谢能力的测评

运动能力是身体各种机能活动的综合体现。而各器官机能活动的基础是物质代谢和能量代谢。人体的代谢能力是反映运动能力的核心。运动时的供能代谢系统包括磷酸原供能、糖酵解供能及有氧代谢供能。因此，代谢能力的评定包含对各供能系统供能能力的评定。评定通常由实时心率、血乳酸、做功量或跑速等相关生理、生化的多个指标体系完成，测试仪器包括功率自行车、活动跑台、心率遥测仪、血乳酸自动分析仪等。

一、磷酸原供能能力的评定

ATP、CP 合称磷酸原，磷酸原供能即指由磷酸肌酸 CP 恢复再合成 ATP 的供能过程，是极量强度运动的主要供能方式。磷酸原供能能力取决于肌肉 ATP、CP 储量及 ATP 酶、肌酸激酶的活性。但由于直接定量测试以上物质难度很大，故通常采用间接评定法。

（一）10s 最大负荷测试法

1. 目的和原理

目的是掌握评定磷酸原供能能力的方法。磷酸原是 10s 极量运动的主要供能系统。根据磷酸原供能系统的供能特点，采用 10s 以内的最大负荷运动进行测试，如自行车功率计、活动跑台或 30～60m 跑，也可根据具体运动专项设计负荷方式。

2. 仪器器材

秒表、自行车功率计（或活动跑台）、血乳酸自动分析仪及采血装置。

3. 方法与步骤

1）测安静时血乳酸值。

2）进行 10s 内最大负荷运动，记录完成的功率或跑速，并测定运动后的血乳酸峰值。求出运动中的血乳酸增值。

4. 评定方法

完成功率大或跑速快而血乳酸增值低者，则磷酸原供能能力强。

（二）30m 跑测试法

1. 目的和原理

目的是掌握评定磷酸原供能能力的方法。根据磷酸原供能系统的供能特点，30m 跑以 ATP、CP 供能为主。30m 跑的速度及血乳酸值的动态变化，可用于对磷酸原供能能力的评定。

2. 仪器器材

血乳酸自动分析仪及采血装置，运动场地。

3. 实验方法与步骤

1）测安静时血乳酸。

2）进行 3×30m 跑（每次间隔 2min）。第三次 30m 跑后测恢复期第 1min 血乳酸。

3）休息 5min 后，再安排一组 4×30m 跑（每次间隔 2min），第四次 30m 跑后测恢复期第 1 min 血乳酸。

4）休息 5min 后，再进行最后一组 5×30m 跑（每次间隔休息 2min），第五次 30m 跑后，测恢复期第 1 min 的血乳酸。每次 30m 跑时，均需测定记录跑速。取数次血乳酸测定中的最高值，计算血乳酸增值。

4. 评定方法

跑速快而 A 乳酸值低者，反映 ATP、CP 供能能力强。应注意，跑速与乳酸值要综合考虑。本实验中，多次 30m 反复跑的目的是使肌肉降低黏滞性，获得充分动员，并使肌肉生成乳酸处于稳定状态。30m 跑中间的休息 2min 宜严格掌握，间隔休息过短可导致乳酸堆积，影响评定。

二、糖酵解供能能力的评定

糖原、葡萄糖无氧分解合成 ATP 的供能过程称糖酵解供能系统。是 2min 以内大强度运动的主要供能系统。糖酵解的产物为乳酸，糖酵解供能能力多采用以下间接评定法。

（一）60s 最大负荷测试法

1. 目的和原理

目的是掌握评定最大糖酵解供能能力的方法。糖酵解在大强度运动 30～60s 保持最大代谢速率。60s 最大负荷的主要供能系统为糖酵解。60s 最大负荷后的血乳酸峰值可用于评定糖酵解供能能力。

2. 仪器、器材

秒表、运动场（或活动平台）、血乳酸自动分析仪及采血装置。

3. 方法与步骤

1）测定运动前安静时血乳酸值。

2）受试者在田径场全力跑 400m 或在活动跑台全力跑 60s，记录成绩。

3）测运动后血乳酸峰值。

4. 评定方法

如果运动后血乳酸浓度在 14～18mmol/L，则是糖酵解供能能力好的表现；如在 9～10mmol/L 以下，则是能力差的表现。

在一个训练阶段结束后，如果运动成绩提高，血乳酸值也升高，则是糖酵解供能能力提高、训练效果好的表现；如果成绩提高，血乳酸值仍为原水平，则是有潜力的表现；如果血乳酸不变或升高，但成绩下降，则是训练效果差或机能水平下降的表现。

（二）Quebec 90s 实验

1. 目的和原理

目的是掌握评定糖酵解供能能力的方法。90s 大强度负荷，主要供能方式为糖酵解系统以及糖的有氧氧化。通过做功能力的测定，可反映无氧代谢能力随时间而衰减的变化情况。

2. 测试仪器 Monark 功率自行车

3. 方法与步骤

1）准备活动：受试者在功率自行车测功计上骑行 5~10min，做好充分的准备活动。

2）阻力负荷设置为 0.05kp/kg 体重。速度要求 10~16m/s。

3）受试者首先以 80r/min 的速度踏蹬，测试者在 2~3s 内将阻力加上，发出"开始"命令，要求受试者在 20s 内尽量达到 130r/min，并尽力快骑，骑行 90s。在测试过程中，不断大声鼓励。每 5s 记录一次功率数值。

4）结束测试，放松蹬骑 2~3min。

4. 评定方法

1）最大功量：全力踏蹬过程中的最大做功峰值。以 W 或 W/kg 表示。

2）90s 平均功量：90s 测试中所有做功的平均值。以 W 或 W/kg 表示。

3）疲劳指数（疲劳%）

疲劳指数Ⅰ：（最大功量−最低功量）/最大功量×100%。

疲劳指数Ⅱ：31~60s 功率/1~30s 功率。

疲劳指数Ⅲ：61~90s 功率/1~30s 功率。

疲劳指数Ⅳ：61~90s 功率/31~60s 功率。

输出功率和输出总功值大，疲劳指数小，是糖酵解供能能力好的表现。

（三）跑台无氧功测试

1. 目的和原理

目的是评定无氧做功能力。跑台无氧功测试是要求受试者以一定的速度在跑台上进行运动，以其运动时间的长短，判断其无氧做功能力（AWC）。

2. 仪器器材

活动跑台。

3. 方法与步骤

1）准备活动：受试者在跑台上以 8km/h 的速度做准备活动 5~10min。在准备活动中，可将跑台速度调至正式测试所需的跑速，使受试者适应 1 或 2 次（每次持续 2~4s）。

2）休息 2~3min。

3）将跑台速度调至预先设定的跑速，待受试者准备好后，启动跑台，受试者尽全力快跑，直至力竭，记录受试者能够维持的最大运动时间。

4）运动结束后，以 3km/h 的速度放松走动 3min，结束试验。

4. 评定方法

以受试者能够维持的最大运动时间来评价其无氧做功能力。跑台跑速设定通常要求输出功率高于 $VO2_{max}$，参考范围如表 6-1 所示，运动负荷持续时间 1min 左右。

表 6-1　各项目运动跑台速度参考表

项目	跑速/（km/h）	坡度/%
Cunningham 和 Fanlkner 跑台实验	8	20
中长跑	20~22	7.5
球类	16	5
其他	依测试项目的不同分别选取不同的负荷和时间	

5. 注意事项

1）一般对于下肢肌肉力量较发达的运动员或主要以用腿部动作为主的运动项目，如自行车、速滑和举重等，建议采用功率车进行无氧功测试；对于全身性的运动项目，如球类、中长跑等，一般采用跑台进行无氧功测试。

2）测试过程中，需要不断对受试者进行鼓励，尽量使其充分发挥无氧运动能力。无氧功测试过程中的其他辅助测试：无氧功测试过程中可同时配合血乳酸测试，因无氧糖酵解能力越强，生成的血乳酸值越高，可从代谢角度进一步检测无氧能力。可根据维持最大运动时间的不同确定血乳酸的采血时间（表 6-2）。

表 6-2 血乳酸测试参考采血时间

维持测试时间/s	参考采血时间/min
15	运动后 2、4、6
30	运动后 4、6、8
40	运动后 5、7、9
60	运动后 7、9、11

三、有氧代谢能力的评定

糖、脂肪及蛋白质在有氧条件下彻底氧化，生成 CO_2 和 H_2O 合成 ATP 的供能过程称为有氧代谢供能系统。近年来，乳酸阈对有氧代谢能力的评定得到了越来越广泛的应用。

（一）乳酸阈测试法

1. 目的和原理

目的是掌握评定有氧代谢能力（乳酸阈实验室模拟训练测定法）的方法，采用逐级递增负荷方法测定（表 6-3）。起始负荷和递增负荷的大小取决于运动员的性别、年龄和训练程度。根据每级负荷强度（横坐标）及相应的血乳酸值（纵坐标），做出乳酸-强度曲线，对应于 4mmol/L 血乳酸浓度的功率值，即乳酸阈功率。

表 6-3 递增负荷实验程序

测功器	性别	起始负荷	递增负荷	持续时间/ min	间歇
功率车	男	50～100W	40～50W	3	不间歇
	女	50W	40～50W		
跑台	男	2.5～3.5m/s	0.5m/s	3	30s
	女	2.5～3.5m/s	0.5m/s		
手控测功器	男	30W	40W	3	不间歇
	女	30W	40W	3	

2. 实验器材

功率自行车、乳酸自动分析仪。

3. 实验方法与步骤

1）取安静时指尖血。

2）受试者在功率自行车上做逐级递增负荷蹬车运动。男子起始负荷为 60～80W，女子起始负荷为 40～50W，每级负荷 3min，递增 20～30W，共完成 5 级负荷。在蹬车过程中连续记录实际完成的功率，在每级负荷末取指尖血。

3）测定出安静及各级负荷后的血乳酸值。

4）以负荷强度为横坐标，以血乳酸值为纵坐标，绘出乳酸-强度曲线图。曲线的拐点，即血乳酸值 4mmol/L 时在横坐标上所对应的点，为乳酸阈强度。

4. 评定方法

乳酸阈强度大，表明有氧代谢能力强。或经过一个阶段训练后，与训练前相比，乳酸-强度曲线右移，乳酸阈强度提高，表明有氧代谢能力增强，训练效果好。

如用活动跑台代替功率自行车，运动负荷强度用跑速（m/s）界定，则可以乳酸阈跑速评定。

乳酸阈跑速可用于指导耐力训练强度的选择。应当指出的是，以乳酸阈跑速作为体能主导类耐力性项群运动员的耐力训练强度偏高，训练实践证明，以乳酸阈跑速的 80% 作为一般耐力训练强度较为适宜。

（二）通气无氧阈的测定

1. 目的和原理

利用气体代谢各指标在运动负荷实验中的变化来判断无氧阈，获得的结果为通气无氧阈。此法的优点是无创伤性，结果与运动时间关系不大，并重复性好。

2. 实验器材

功率自行车、气体代谢仪。

3. 实验方法与步骤

1）受试者用自行车功率计或活动跑台进行递增负荷实验（见第五章第三节最大摄氧量的直接测定），使用气体分析仪测试气体代谢指标。

2）常用的气体代谢指标为肺通气量（VE）、摄氧量（VO_2）、二氧化碳排出量（VCO_2）和呼吸商（RQ）。用气体代谢测定无氧阈时，一般采用逐次呼吸记录。

4. 通气无氧阈（VT）判定标准

运动负荷达到一定强度后：

1）VE、V CO_2 出现非线性增加的拐点。

2）VE/V O_2 突然增大，并且 VE/CO_2 下降。

3）呼吸商（RQ）等于1。

5. 评定方法

通气无氧阈提高，表明有氧代谢能力增强。

目前，无氧阈在运动实践中应用于：第一，评定运动员运动能力和评价训练效果。当无氧阈负荷增大时运动员运动能力强，反之则差。第二，预测运动成绩。目前在此方面的研究较多。第三，安排有氧训练的强度。

Mader（1975）提出用 4mmol/L 乳酸阈（AT4）时跑速评定有氧耐力水平的标准（表6-4），可在机能评定中参考应用。

表6-4 乳酸阈评定训练水平的参考标准

乳酸阈跑速/（m/s）	训练水平
3.0±0.5	缺乏耐力训练
3.5～4.0	耐力训练较差
4.0～4.7	中等耐力训练
4.8～5.2	耐力训练较好
5.3～5.6	耐力训练优秀

随着无氧阈理论研究的不断深入，测试程序逐渐统一，无氧阈在优秀运动员竞技能力评定、训练最佳化以及群众性锻炼和康复训练中，将会有更多的应用。

第二节　运动负荷的测评

一、运动负荷强度的生化评定

（一）实验目的

1）掌握血氨、血乳酸和尿蛋白等生化指标评价负荷强度的原理与方法。

2）熟悉血氨、血乳酸和尿蛋白等指标的测定方法。

（二）实验原理

运动过程中供能系统包括磷酸原、糖酵解和有氧氧化三大系统，根据机体代谢特点、代谢底物及代谢产物的改变，以磷酸原供能为主的运动以血氨为评价运动负荷强度的主要指标，以糖酵解供能为主的运动以血乳酸为评价运动负荷强度的主要指标，在进行有氧运动时，运动强度增高伴随机体肾上腺素分泌增高，肾小球滤过率升高，肾小管重吸收率下降及分泌增加等因素影响尿蛋白生成量，进而可通过检测机体尿蛋白量评定运动负荷强度。因此，在运动训练的生化监控中，目前常采用血氨、血乳酸和尿蛋白等指标综合评定运动负荷强度。

（三）主要仪器和试剂

1. 主要仪器

秒表、心率表、721或722型分光光度计、采血器、试管、一次性尿杯及试管架。

2. 主要试剂

（1）测定血氨的试剂

1）缓冲液：0.067 mol/L 磷酸盐缓冲液（PBS），pH8.0，用无氨蒸馏水配制。

2）基质液：每升 PBS 内含 150 μmol ADP、120 μmol NADH、6 mmol α-酮戊二酸。

3）谷氨酸脱氢酶液（GLDH，Sigma 产）：每升 PBS 内含 GLDH 15 000 U。

4）氨标准液：优级纯 $(NH_4)_2SO_4$ 于上述 PBS 中配成 100 μmol/L。

5）显色剂：取氯化硝基四氮唑蓝（NBT）100 mg、吩嗪甲酯硫酸盐（PMS）10 mg 和乙二醇 1 mL 于 80 mL 无氨蒸馏水中溶解，定容至 100 mL。

（2）测定血乳酸的试剂

1）1%氟化钠溶液。

2）10%三氯乙酸溶液。

3）浓硫酸（GR）。

4）对羟基联二苯溶液：称取 1.5 克对羟基联二苯，溶于 10 mL 热的 5%NaOH 溶液中，待溶解后加热蒸馏水稀释至 100 mL，冷却后储存于棕色瓶中。

5) 4%CuSO₄ 溶液。

6) 乳酸标准储存液（1 mg/mL）：精确称取乳酸钙或乳酸锂 173 mg，用蒸馏水溶解至 100 mL。

7) 乳酸标准应用液（0.01 mg/mL）：取 1 mL 储备液，用 100 mL 容量瓶加蒸馏水稀释至刻度。

8) 乳酸空白液：将 1%NaF 和 10%三氯乙酸按 1∶3 体积比混合而成。

（3）测定尿蛋白的试剂

1) 3%磺基水杨酸溶液：称取磺基水杨酸 3.0g，加蒸馏水溶解并稀释至 100 mL。

2) 0.075 mol/L 硫酸溶液。

3) 0.15%钨酸钠溶液。

4) 生理盐水（0.9%NaCl）。

5) 双缩脲试剂：称取硫酸铜（$CuSO_4 \cdot 5H_2O$）1.5 g，加蒸馏水约 200 mL，加热溶解，冷却。称取酒石酸钾钠（$C_4H_4O_6KNa \cdot 4H_2O$）6g，加蒸馏水约 300 mL，加热溶解。将上述两液混合，加入 10%NaOH 300 mL，混合后加蒸馏水至 1000 mL，置于塑料试剂瓶中，此试剂可长期保存。

6) 标准蛋白溶液（1 mL=0.5 mg）：准确称取 50 mg 牛血清蛋白粉末，用少量 0.1 mol/L NaOH 溶液湿润溶解，加蒸馏水至 100 mL，4℃冰箱保存。

（四）实验步骤

1) 在班级中随机抽取 3 名男同学，在安静状态下从肘静脉抽取静脉血 2mL，并立即用微量吸量管吸取 20μL 的全血，放入装有 0.48mL、1%NaF 的试管中，混匀，以备测定血乳酸，其余血液静置 30 min 后离心分离血清，以备测定血氨，同时用一次性尿杯留取中段尿 10 mL，测定尿蛋白。

2) 受试者戴好心率表，在实验前测定安静时心率，做完准备活动后，分别做全力 100 m、800 m 和 3000 m 跑，记录成绩。

3) 测定运动后即刻心率，运动后即刻采取血样测定血乳酸、血氨。具体方法见实验步骤 1)，同时在运动后 15 min 用一次性尿杯留取中段尿 10 mL，测定尿蛋白。

4）测定运动前后血氨的含量。

5）测定运动前后血乳酸的含量。

6）测定运动前后尿蛋白的含量。

（五）实验结果

将每位受试者实验数据分别计入表 6-5 中。

表 6-5　不同负荷强度的运动前、后各种指标的变化

运动时间	100m 跑		800m 跑		3000m 跑	
	运动前	运动后	运动前	运动后	运动前	运动后
心率/（次/min）						
血氨（μmol/L）						
血乳酸（mmol/L）						
尿蛋白/（mg/dL）						

（六）结果分析

分析 100 m、800 m、3000 m 全力跑后血氨、血乳酸和尿蛋白等指标的变化特点，比较不同强度运动后这些生化指标的差异，讨论这些指标与负荷强度之间的关系及可能机制。

二、运动负荷量的生化评定

（一）实验目的

1）掌握血尿素、血酮体和 SCK 等生化指标评价运动负荷量的原理与方法。

2）熟悉血尿素、血酮体和 SCK 的测定方法。

（二）实验原理

运动负荷量是运动人体在运动中所承受或完成的身体负荷量，在运动实践中，通过负荷强度和负荷量的调节与变动，可达到不同的锻炼或训练目的。运动负荷量是评定运动负荷的一个方面。机体在运动过程中，随着运动负荷量的增加，机

体代谢底物的消耗与代谢产物的生成均增多，而代谢产物的生成与清除也同时发生，当代谢产物生成速率大于消耗时，最终形成代谢产物在体内的积累。随着运动时间的延长，脂肪酸和蛋白质参与供能的比例逐渐增加。氨作为蛋白质代谢产物之一，尿素生成增多，血尿素含量增高；酮体为脂肪酸代谢的中间产物，酮体生成增多，血酮体增加。此外，若运动负荷量过大可导致肌细胞膜受损从而使肌酸激酶释放入血，形成 SCK。因此，在日常训练中，用于监控运动负荷量的常用指标包括血尿素、血酮体和 SCK 等，应掌握它们在实践中的主要应用方法。

（三）主要仪器和试剂

1. 主要仪器

秒表、心率表、721 或 722 型分光光度计、采血器、试管及试管架。

2. 主要试剂

（1）测定血尿素的试剂

1）1%的氟化钠溶液。

2）10%的三氯乙酸溶液。

3）二乙酰一肟-硫氨脲溶液：称取二乙酰一肟 600 mg、硫氨脲 30 mg，加蒸馏水溶解，稀释至 100 mL，冰箱中保存。

4）混合酸液：浓磷酸（85%～87%）35 mL，浓硫酸 80 mL，缓缓加入 800 mL 蒸馏水中，冷却后加蒸馏水至 1000 mL。

5）尿素标准储存液（1mL=1mg 氮）：准确称取尿素（AR）0.2143 g 置于 100 mL 容量瓶中，用 0.005 mol/L 硫酸溶解，稀释至刻度。

6）尿素标准应用液（1mL=0.01mg 氮）：准确吸取储存液 1mL，用 0.005 mol/L 硫酸稀释至 100 mL。

7）空白液：取 1 份 0.1%氟化钠和 3 份 10%的三氯乙酸混合而成。

（2）测定血酮体的试剂

采用市售 β- 羟丁酸测试试剂盒。

（3）测定 SCK 的试剂

1）基质缓冲液：临用前称取 ADP 钠盐 1.05 mg，水 0.4 mL，溶解后，加入

CP 钠盐 7.3 mg 溶解，并加 0.1 mol/L 醋酸镁 0.1 mL、0.1 mol/L 巯基乙醇 0.1 mL，最后加水至 1 mL，用 0.1 mol/L Tris 溶液 0.01 mL 校正 pH 至 7.4。

2）0.1 mol/L 醋酸镁溶液：醋酸镁 2.14 g，加水至 100 mL。

3）0.1 mol/L 巯基乙醇溶液：巯基乙醇 1.36 mL，加水至 100 mL。

4）1 mol/L Tris 溶液：取三羟甲基氨基甲烷 12.11 g，加水溶解至 100 mL。

5）肌酸标准液（1.7 mmol/L）：准确称取无水肌酸 22.3 mg，加水至 100 mL，冰箱保存。

6）0.06 mol/L 氢氧化钡：称取氢氧化钡[Ba(OH)$_2$·H$_2$O] 0.92 g，加水至 100 mL。

7）1%硫酸锌：称取硫酸锌（ZnSO$_4$·7H$_2$O）1 g，加水至 100 mL。

8）碱储备液：氢氧化钠 30 g、无水碳酸钠 64 g，加水至 500 mL。

9）4% a-萘酚：临用前称 α-萘酚 0.5 g，加碱储备液 12.5 mL。

10）1:20 稀释双乙酰：取双乙酰 1mL，加蒸馏水至 100 mL，棕色瓶中保存，临用前用水稀释 20 倍。

（四）实验步骤

1）受试者佩戴好心率表，在实验前测定安静时心率，并从肘静脉抽取静脉血 2 mL，血液静置 30 min 后离心分离血清，以备测定血尿素，血酮体和血清 CK。

2）将班级同学分为两组，第一组 5 km 越野跑，第二组 10 km 越野跑，可结合校园马拉松活动进行测试。

3）测定运动后即刻心率，采集血样并测定血尿素、血酮体和血清 CK，采集方法见实验步骤 1）。

4）测定运动前后血尿素的含量。

5）测定运动前后血酮体的含量。

6）测定运动前后血清 CK 的含量。

（五）实验结果

将所有实验结果填入表 6-6。

表 6-6 不同负荷量的运动前、后各种指标的变化

组别	序号	运动时间	心率/（次/min）		血尿素/（nmol/L）		血酮体/（mmol/L）		血清 CK/（U/L）	
			运动前	运动后	运动前	运动后	运动前	运动后	运动前	运动后
5km 组	1									
	2									
	3									
	4									
	5									
	6									
10km 组	1									
	2									
	3									
	4									
	5									
	6									

（六）结果分析

分析 5 km、10 km 越野跑后心率、血尿素、血酮体、血清 CK 含量等指标的变化特点，比较不同负荷量运动后这些生化指标的差异，讨论这些指标与负荷量之间的关系及其机理。

（七）注意事项

受试者需在实验前进行体检，排除不适合运动的各种因素，确保在身体机能良好状态下测试。

第三节　运动生物力学测评

一、人体一维重心位置测量

（一）实验目的

学习用一维重心测量板测定人体重心位置的实验方法。分析人体重心位置的影响因素。

（二）实验原理

重力是地球对物体的引力，人体整体所受的合重力的作用点就是人体重心的位置。在运动生物力学研究中，人体重心的轨迹、位移、速度以及加速度等指标是评价人体运动状况的重要指标，所以，掌握人体重心的测量方法是非常必要的。

依据静力学中的力矩平衡原理进行人体重心位置的测定。人体一维重心测量板空板时秤的读数为 M_0，人体重为 W，人躺在板上后（两足紧贴抵足板，足背屈）体重秤读数为 M，设人体总重心至 A 点的距离为 AC，板重 W_B，板长为 AD，板的重心至 A 点的距离为 AB，则根据力矩平衡原理有：

空板称量时　　　$W_B \cdot AB = M_0 \cdot AD$

人躺在板上时　　$W_B \cdot AB + W \cdot AC = M \cdot AD$

整理得　　　　　$AC = \dfrac{M - M_0}{W} \cdot AD$

上式中的 AC 为被试标准站立姿势时的总重心的绝对高度。

为了便于比较，可计算人体总重心的相对高度，即重心绝对高度与身高的比值，该指标可消去身高的影响，其公式为

$$重心相对高度 = \frac{重心绝对高度}{身高} \times 100\% = \frac{AC}{h} \times 100\%$$

式中 h 为身高。

一般来说，人体重心的位置受人体体型、性别、年龄等因素的影响。长期从事运动训练也可引起人体重心位置的改变。

（三）实验器材

体重秤、一维重心测量板、身高仪等。

（四）实验方法

1）学生两人为一组互为测试员和受试者。被试者以标准解剖姿势平躺在测量板上，另一学生读出体重秤数并记录。然后被试分别作平躺、两臂平举和两臂肩肘关节成 90°上举，同时单腿髋膝关节成 90°上举，并记录体重秤计的 3 组读数。

2）按实验步骤严格测试。

（五）实验步骤

1）测量每人的身高、体重。

2）受试者按实验要求以各种身体姿势躺在一维重心位置上，记录其受重。

3）依据上述原理和测量数据结果，分别算出不同姿势的重心高度和标准解剖位的相对高度。

4）撰写实验报告。

（六）注意事项

1）受试者平躺时脚底与支点端测试板平齐。

2）测试员读数时视线要与表盘垂直。

（七）实验报告

1）计算出测量对象的绝对重心高度。

2）分析跳高技术中摆臂、摆腿分别对人体重心位置的作用。

二、不同跑速时步长与步频关系实验

（一）实验目的

通过实验，使同学们加深理解速度概念的物理意义，掌握速度的简单测量方法，了解不同跑速时步长和步频的变化规律。

（二）实验原理

跑速=步长×步频

步频=频数／时间

（三）实验器材

1）计时秒表。

2）20 m 长卷尺。

（四）实验方法

受试者分别以慢速、中速和最高速度跑完 20 m，在 20 m 跑的始端前有 15 m

加速跑，以便进入 20 m 跑道后能以匀速跑完全程。记录 20 m 跑的时间和步数。把实验结果填入表 6-7 相应的栏目内。

表 6-7　不同跑速时步长与步频登记表

项目	时间/s	步数/次	速度/（m/s）	步长/m	步频/s^{-1}	备注
慢速						
中速						
最高速度						

（五）实验步骤

1）测试慢速、中速和最高速度的步数和时间。受试者可每 4 人一组，1 人给起跑信号，1 人计时，1 人数步数，1 人为实验对象，再依次轮换。

2）计算。根据所学的运动学公式，分别计算每次跑的速度、步长、步频，将结果填入表 6-7 相应的栏目内。

3）绘制步长和步频关系图。根据登记表采集的数据和计算结果，绘制不同跑速情况下的步长和步频关系图。

（六）注意事项

计算步数时任意支撑脚踏入 20 m 起始端为第一步，踏出终点端的上一步为最后一步。

（七）实验报告

1）描述出步长与步频的关系。

2）分析跑速对步长与步频关系的影响。

3）依据实验结果讨论以下内容：

a. 当你的速度增加时，你的步长与步频是如何变化的？

b. 比较中速和最高速度的差别是什么？

c. 据文献所知，世界优秀短跑运动员，在最高速度时，步长约等于 1.14 倍的身高。计算出你的最高速度时步长与身高之比，试与 1.14 这个值比较。

d. 你认为短跑运动员在速度增加时，步长与步频应该如何变化为宜？

三、纵跳实验

（一）实验目的

使学生深入理解人体运动时所受到的地面反作用力及其与人体运动的关系，并能将这方面原理应用至体育技术动作的分析实践中。

（二）实验原理

1）竖直上抛公式 $H=v_0^2/2g$。

2）牛顿第二定律 $F=ma$。

3）肌肉收缩的力学原理。

（三）实验器材

电子纵跳板 4 块。

（四）实验方法

受试者踩在电子纵跳板上，进行以下几种纵跳方式：①由半蹲开始无反向运动不加摆臂的纵跳。②由站立开始不摆臂纵跳。③由站立加摆臂自由纵跳。④由站立开始加摆臂做下蹲后稍停片刻（2~3s）的纵跳。每种纵跳各跳 3 次，记录每一次的 H 值并求平均值填于表 6-8 内。

表 6-8　纵跳实验登记表

纵跳方式	第一次	第二次	第三次	第四次
①				
②				
③				
④				

（五）实验步骤

1）按测试方法测试4种起跳的H值。
2）计算4种起跳的v_0。
3）分析4种起跳的肌肉收缩力。

（六）注意事项

1）被试者纵跳着地时要在纵跳板中央。
2）每次起跳前将表盘读数回零。

（七）实验报告

1）要求计算出4种起跳姿势的起跳v_0。
2）运用力学、肌肉生物力学及人体运动学的理论对不同纵跳方式的结果进行分析。

四、绘制运动中人体关节点的轨迹

（一）实验目的

1）了解人体运动的运动学特点。
2）掌握人体运动影像解析方法。

（二）实验原理

影像记录了人体在空间和时间中的运动表现，包含了反映人体运动的时间、距离、平动以及转动等运动学信息，是分析体育运动动作的重要依据。

将人体动作以运动生物力学规范测量方法拍摄成影片，然后在各幅影片上建立人体运动的直角坐标系，再测量出人体特定关节点的坐标，最后将所有图片上该关节点的坐标点画在同一个直角坐标体系中，形成圆滑的曲线。该曲线就是人体特定点的轨迹，它反映了人体运动的运动学特点。

（三）实验器材

一组按照运动生物力学影像测量要求拍摄的反映运动动作的（短跑动作）影像图片、米尺、坐标纸。

（四）实验步骤

1）将影像图片按时间顺序编号。

2）在各幅图片上建立统一的平面直角坐标系，并标记人体某一点（如右髋关节点）。

3）测量各幅照片上人体某点（如右髋关节点）的坐标值，并标记在坐标上。

4）按时间顺序将各点连成光滑曲线。

5）再选取另外一点（如右肘关节点），重复3）、4）步骤。

6）观察曲线形状。

（五）注意事项

实验所取的影像图片要求时间间隔是等距的，各图片上的直角坐标系要保持一致。

（六）实验报告

1）绘制运动中人体点的轨迹图。

2）实验结果讨论：实验结果反映了哪些运动学特点？试描述轨迹反映的运动学特点。

五、绘制人体运动简图

（一）实验目的

1）学习根据影像图片绘制运动简图的方法。

2）根据运动简图对运动动作进行初步分析。

（二）实验原理

影像图片记录了人体运动的连续过程，将影像图片上人体主要关节点标记出来（表6-9），并按一定顺序（按环节）连接各关节点，构成人体运动简图，简图表明了运动中各瞬间人体的姿势，直观地展示出人体各环节的相对位置和各主要关节的角度，是初步分析运动学特征的重要依据。

表 6-9 绘制人体运动简图登记表

片号	关节																	
	头		肩		肘		手		髋		膝		踝		趾	
	X	Y	X	Y	X	Y	X	Y	X	Y	X	Y	X	Y	X	Y
1.左																
右																
2.左																
右																
3.左																
右																
4.左																
右																
…																

（三）实验器材

一组按运动生物力学摄影测量要求拍摄的短跑或急行跳远的高速摄影放大照片、坐标纸、米尺。

（四）实验步骤

1）将照片按时间顺序编号。

2）分别在各幅图片上建立统一的平面直角坐标系。

3）在各幅图片上依次标记各关节点的位置，并按环节将关节点以直线相连接，构成单线图即运动简图。

4）在坐标纸上建立平面直角坐标系，将前面绘制的各幅单线图描记在坐标纸上。

5）重复 4），但为了使各单线图不重叠，将各单线图分别绘制在单独的坐标系中。

（五）注意事项

实验所取的影像图片要求时间间隔是等距的。

（六）实验报告

1）绘制运动中人体运动简图。

2）实验结果讨论：根据绘制的人体运动简图，描述运动学特点。

六、测定短跑中人体关节角随时间的变化

（一）实验目的

学习根据影像图片测定运动中人体主要关节角的方法和绘制关节角、时间曲线的方法，并掌握根据关节角、时间曲线分析运动学特征的方法。

（二）实验原理

相邻两环节的夹角为关节角，它确定了人体姿势，根据关节点的位置确定环节纵轴，相邻两环节的纵轴的夹角即为关节角。此角可用量角器测量，亦可通过计算3个关节点构成的三角形确定其数值，各幅画面的时间关系可由摄影频率确定。在测定了关节角、时间的基础上即可绘制关节角-时间曲线，该曲线对分析运动学特征具有重要价值。

（三）实验器材

一组按运动生物力学影像测量要求拍摄的短跑高速摄影放大照片、米尺、量角器、坐标纸。

（四）实验步骤

1）将图片按时间顺序编号。

2）在各幅图片上建立统一的平面直角坐标系。

3）标记各关节点，并将其连接成单线图。

4）用量角器测量各幅照片上的右膝、右肘关节角，将其按时间顺序详细记录下来。

5）根据记录的数据绘制右膝、右肘关节角-时间曲线。

6）分析、比较两条曲线。

（五）注意事项

实验所取的影像图片要求时间间隔是等距的且时间间隔越短越好。

（六）实验报告

1）绘制右膝、右肘关节角-时间曲线。

2）应用运动学分析两条曲线的形成原因。

3）实验结果讨论：试叙述关节角-时间曲线的特征。

七、双脚原地纵跳的力学特征实验分析

（一）实验目的

学习测量人体运动的动力学特征的方法，分析原地纵跳的力学特征。

（二）实验原理

为分析在踏跳时运动员与支撑点的相互作用应采用专门的测力系统。测力系统可由一维及三维测力台、放大器、记录仪或电脑组成。

在纵跳时运动员身体重心腾起的最大高度，按上抛公式计算

$$H = gt^2 / 2$$

最大起跳速度按下列公式计算

$$v_f = gt$$

上述两公式中的 t 为人体离台达到最高点的时间。

（三）实验器材

实验设备包括一维或三维专用测力系统、体重秤。

（四）实验方法

1）两人一小组互为测试员和受试者。

2）被试站在测力台上完成3种姿势的纵跳：①从半蹲开始无反方向运动加摆

臂纵跳；②从站立开始不加摆臂纵跳；③从站立开始加摆臂自由纵跳。各跳 3 次取平均值。

（五）实验步骤

1）由实验员讲解测力系统的构成及简单的原理，并接通整个系统，使其进入准备工作状态。

2）用体重秤测量被试的体重。

3）被试站在测力台上完成 3 种姿势的纵跳，记录实验结果。

4）取下记录实验结果的绘图纸或 3 种姿势纵跳的垂直力曲线。标定横坐标单位长度的时间和纵坐标单位长度的分值。

5）在 3 种动作的垂直力曲线图上划分动作阶段，并将各动作阶段的延续时间和起跳垂直力峰值填入表 6-10。

表 6-10　纵跳实验登记表

分析内容	项目	半蹲开始无反向运动加摆臂纵跳	从站立开始不加摆臂纵跳	从站立开始加摆臂纵跳
缓冲阶段（t）				
蹬伸阶段（t）				
腾空阶段（t）				
重心腾起最大高度（H）				
起跳的最大速度				

6）根据实验原理公式计算出在 3 种纵跳动作腾起的最大高度和起跳的最大速度并填入登记表内。

（六）注意事项

半蹲开始无反向运动加摆臂纵跳的要求是膝关节和髋关节的角度约 90°。

（七）实验报告

分析各种不同纵跳动作中垂直力曲线的变化规律，区分其差异及产生的原因。

八、技术图片上测定人体稳定角

（一）实验目的

通过此实验学习在技术图片上求解人体稳定角的方法。

（二）实验原理

根据稳定角的概念（人体重心垂直投影线与重心至支撑面边界点的连线之间的夹角），只要在技术图片上测量出人体重心的位置和支撑面的边界点，即可确定人体在不同方位上的稳定角。

（三）实验器材

技术图片、直尺、量角尺、大头针、坐标纸等。

（四）实验步骤

1）根据合力矩原理求解图片中人体重心的位置。
2）确定不同方位上的支撑面边界点。
3）在坐标纸上绘出人体单线图，并标出人体重心位置。
4）由人体重心向下作垂线，连接重心和支撑面边界点的连线。
5）测量人体重心的垂线与重心至支撑面边界点连线之间的夹角。

（五）实验报告

1）绘制人体的稳定角。
2）实验结果讨论：试分析影响人体动作稳定性的因素有哪些。

第四节　运动性疲劳的测评

正确地认识和诊断疲劳，对科学地指导运动训练、提高运动成绩和健康水平都有重要的实践意义。目前常用判断疲劳的方法有生理指标测试方法、教育学观察法及自我感觉评定法等。以下实验均为人体疲劳时各器官系统功能下降，下降的程度和疲劳程度有关。因此，测定运动前后一些生理指标的变化，可以判断是否出现疲劳及疲劳程度。

一、膝反射阈值

（一）器材

膝反射阈测定器。

（二）注意事项

1）受试者身体健康，腱反射正常。

2）受试者要密切合作，要坚持同一指标和对同一部位进行测定，以防测量出现误差。

（三）测试方法

受试者闭上眼睛，坐在椅子上，小腿下垂。检测者将膝反射阈测定器上的重锤（H 为 200g）调整到正好对准受试者膝盖下髌韧带的中央，从角度计（M）5°的高度上开始让重锤落下，叩打其腱部，以后每次增加下落角度 5°，间隔 5s 让重锤落下叩打腱部，直至引起受试者膝跳反射动作的最小落下角度，就是阈值（表 6-11）。

表 6-11 膝反射阈评定表

疲劳程度	增加角度/（°）	恢复速度
轻度	5～10	睡一夜可以恢复
中度	15～30	直到次日才能恢复
重度	>35	休息一周才能恢复

（四）应用与评价

准确判断运动训练后的疲劳程度，对于合理安排运动负荷和防止过度疲劳有重要的意义。

二、反应时

（一）器材

反应时测定仪。

（二）注意事项

1）受试者身体健康，若发现有呼吸道感染、心动过速、高血压、心电图异常、口腔温度高于37.5℃等，则不能进行实验。

2）受试者要密切合作，以防测量出现误差。

（三）测试方法

受试者取坐姿，连续测定5次红灯信号反应时（每次间隔10 s），取其平均值。

（四）应用与评价

身体疲劳后反应时延长。通过运动前后或运动后的反应时测试可以判断运动导致人体疲劳的程度。

三、皮肤空间阈

（一）器材

两脚规。

（二）注意事项

同"反应时"的"注意事项"。

（三）应用与评价

皮肤空间阈是指辨别皮肤两点间最小距离的能力。机体疲劳时，皮肤空间阈增大。当运动后皮肤空间阈较安静时大1.5~2倍时，表明出现轻度疲劳；若大2倍以上，则可视为深度疲劳。

（四）测试方法

受试者仰卧，单臂侧平举，闭眼。测试人员持触觉计或两脚规，拉开一定距离，将其两端以同样的力轻触受试者前臂皮肤，先从感觉不到两点的距离开始，逐渐加大两脚针距离，直到受试者感到的两点的最小距离称皮肤空间阈，又称两点阈（表6-12）。

表 6-12　运动前后皮肤空间阈的变化

运动负荷	测定部位	运动前/mm	运动后/mm
训练（上午）	小腿屈肌中央	20	23
训练（下午）		22	28
18km 强行军		21	24
40km 山道行军（有训练者）		30	32
40km 山道行军（无训练者）		22	26
80km 彻夜行军		33	51
		24	47

四、闪光融合频率

（一）器材

闪烁值测定仪。

（二）注意事项

同"反应时"的"注意事项"。

（三）测试方法

受试者取坐姿，注视闪光光源，由低频向高频旋转闪光频率旋钮，以不出现闪光为标志，记录该闪光频率。然后再由高频向低频旋转闪光频率旋钮，同样记录该闪光频率。以上两种测试方法各做3次，共6次，求其平均值。受试者取坐姿，注视频率仪的光源（如红色），直到将红光调至明显断续闪光融合频率为止，即临界闪光融合频率。测3次，取其平均值，疲劳时闪光融合频率减慢。

（四）应用与评价

运动疲劳时，闪光频率融合阈值增大，当阈值为 1.0~3.9Hz 时为轻度疲劳，4.0~7.9Hz 为中度疲劳，8.0Hz 以上为深度疲劳（表 6-13）。

表 6-13　闪光融合频率评定表

疲劳程度	闪光频率减少/Hz	恢复速度
轻度	1.0~3.9	休息后当日可以恢复
中度	4.0~7.9	休息一夜才能恢复
深度	>8.0	休息一夜不能完全恢复

五、时间再生法

（一）器材

秒表。

（二）注意事项

同"反应时"的"注意事项"。

（三）测试方法

让受试者看钟表的秒针走动 1min，然后闭眼，每隔 20s 举手发出信号，做 15~20 次。检测者记录受试者每次发出信号之间的时间间隔。由此计算出平均值及标准差，根据两个值算出动摇度即（标准差/平均值）20。

（四）应用与评价

动摇度在 0.03~0.07 为轻度疲劳，0.08 以上为重度疲劳。

第五节　心理状态的测评

一、操作思维敏捷性的测定

（一）实验目的

学习使用五格盘和测定个体操作思维敏捷性的方法。

加深理解思维敏捷性的概念。

（二）实验原理

思维敏捷性是思维的品质之一，是对变化的情况迅速做出反应的能力。用筹码在五格盘上走位是反映思维敏捷性的方法之一。操作思维是否敏捷对于集体项目的运动员十分重要。本实验把开始位置作为变化的情况，要求用最少的步数和最短的时间走到最终位置，记录的时间作为思维反应是否敏捷的客观指标。

（三）实验器材

五格盘（图6-1），3个标有1，2，3的筹码，秒表。

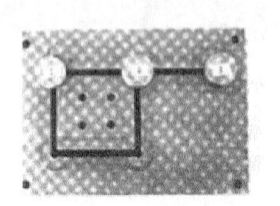

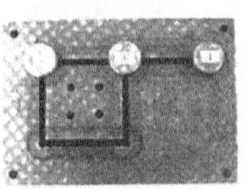

图 6-1　五格盘

（四）实验方法

1）被试一人一组，自己手握秒表并按要求移动筹码，记录从开始到终点的时间。

2）实验前不允许练习。

（五）实验步骤

1）现有3种位置，如表6-14所示，每次要以规定的最少的步数，用最短的时间按照最终位置的形式把 3 个筹码对号摆在五格盘 1，2，3 的位置上。要求每步只能上下和左右移动筹码一格，不能斜向或隔一格移动，一个格子只能放一个筹码，不能放两个或多个筹码。

2）被试自己手握秒表并按以上要求移动筹码，被试在从开始位置走到最终位置，可能要尝试多次，但秒表不能停下，直到按规定的最少步数从开始位置走到最终位置时按下秒表，记录时间，一次实验完成。

3）按以上步骤共做 3 次实验。

表 6-14　五格盘的开始位置、最终位置、时间记录　　　（单位：s）

实验次数	开始位置	最终位置	最少步数	最短时间
1	3 _ 2 / _ 1 _	1 2 3	7	
2	3 1 _ / _ 2 _	1 2 3	8	
3	3 2 1	1 2 3	10	

（六）注意事项

实验前不允许练习，实验中不允许相互旁观操作。

（七）实验报告

将被试每次实验所用的时间记录在表格中，并做结果分析。

二、疲劳和注意分散对时间知觉的影响

（一）实验目的

1）同时采用生理和心理指标测定个体时间知觉，加深理解时间知觉的概念。

2）比较安静、疲劳和注意分散 3 种状态下时间知觉的差异和影响。

（二）实验原理

人对客观事物的延续性和顺序性的主观反应，称为时间知觉。本实验采用静态、疲劳和注意力分散 3 种状态对个体知觉时间的影响，并比较三者的差异。

（三）实验仪器

秒表。

（四）实验方法

1）主试和被试两人一组交替进行。

2）实验时教室要保持安静，排除不必要的干扰。

（五）实验步骤

1）主试在 1~4 min 选择一个时间（此为标准时间），主试在发开始口令的同时，开动秒表，被试要集中注意知觉时间，到选择的标准时间时，主试发出"停止"口令，这段"标准时间"不能让被试知道。

2）主试第二次发出"开始"口令，被试在安静的状态下知觉时间，但主试不发停止口令，被试自己认为与刚才的标准时间相同时即自行停止，主试记录时间（此为实验时间）。

3）主试第三次发出"开始"口令，被试连续做俯卧撑，不能休息和间断，直到被试认为与刚才的标准时间相同时，俯卧撑即行停止，主试记录实验时间。

4）主试第四次发出"开始"口令，主试不断地与被试聊天和说笑以此来分散被试的注意力，直到被试认为与刚才的标准时间相同时即行停止，主试记录实验时间。

5）按 1）、2）、3）、4）步骤再做两次实验。主试每次要重新选择标准时间。每次实验之间要休息 10 min。

（六）注意事项

1）被试自己用秒表练习几次后再开始练习。

2）主试选择的 3 个标准时间要有一定的间距，间距不明显被试会出现知觉时间不准确。

（七）实验报告

将实验结果填入表 6-15 中。

表 6-15 安静、疲劳和注意分散对时间知觉的影响数据表　　（单位：s）

3 种状态	实验数据	第一次	第二次	第三次
安静状态	标准时间			
	实验时间			
	误差			
	平均误差			
3 种状态	实验数据	第一次	第二次	第三次
疲劳状态	标准时间			
	实验时间			
	误差			
	平均误差			
注意分散状态	标准时间			
	实验时间			
	误差			
	平均误差			

三、注意分配能力的测定

（一）实验目的

1）学会注意分配仪的使用和测定方法。

2）通过测定个体注意分配，了解注意分配的个体差异。

（二）实验原理

注意分配是注意品质之一，指在同一时间内，把注意指向两种或两种以上不同的对象或活动上。本实验对被试在限定时间内呈现 3 种刺激——"光""声""光+声"，并让被试做出反应，通过判断的正确次数来决定注意分配的成绩。

（三）实验器材

EP708 注意分配仪、秒表。

（四）实验方法

1）按"声/光"键可进行声/光模式选择：显示"—Led"表示选择光刺激，并有"光"上面的一个红灯闪亮；显示"Sou—Ld"表示声+光刺激，两个红灯都亮；显示"—Sound"表示选择声刺激，并有"声"上面的一个红灯闪亮。

2）按"选次"键可进行刺激次数的选择：显示"Con—10"表示刺激次数为10次，显示"Con—20"表示刺激次数为20次，显示"Con—40"表示刺激的次数为40次，显示"Con—50"表示刺激的次数为50次。按"显示"键可得出结果并记录：显示"××××××秒"为完成任务总时间，显示"YES — ××次"为正确次数，显示"××××毫秒"为正确平均时间。

3）主试和被试两人一组交替进行。

（五）实验步骤

1）主试和被试两人一组。主试选择光刺激，如选择10次光刺激。被试在仪器前坐好，用优势手准备按键。

2）主试按"启动"键之前，被试要集中注意。主试按"启动"开始测试，同时按下手中的秒表。当仪器红灯开始逐个闪亮，被试要迅速按灭它，直到10次光刺激全部呈现完毕，一组实验结束。主试按停秒表。

3）如果在限定的时间内完成了实验，算做合格的实验。主试记录正确对光反应次数。主试记录结果后，按"复位"键显示"□Led"，为下组测试做好准备。

4）按以上步骤完成下面的实验：选择"10次光刺激"共做4次，每次限制30 s；"10次声刺激"共做4次，每次限制30 s；"10次声+光刺激"共做4次，每次限制35 s。

（六）注意事项

1）在选择声刺激时，按红键为高音，按绿键为中音，按灰键为低音，被试要仔细辨别音高再按键。可先进行试音练习，熟悉声音后再测试。

2）每次实验要在限制的时间内完成，如超过时间表示被试拖延了时间，即使正确次数提高，成绩也不真实，因此，要取消超时的实验。

3）实验时要保持安静，减少干扰。

（七）实验报告

1）数据记录：在表内分别记录单独对光正确反应次数、对声正确反应次数，同时对光、对声正确反应次数。

2）计算 4 次实验的平均值 R_1、L_1、R_2、L_2，并填入表 6-16 内。

3）计算注意分配能力。

按下列公式计算结果：$A=\left[(R_2/R_1)\times(L_2/L_1)\right]^{1/2}$

R_1、L_1 分别是单独对光正确反应和对声正确反应的次数的平均值。

R_2、L_2 分别是同时对光、对声正确反应次数的平均值。

$A=1$ 表完全分配。

$A>0.5$ 表示不同程度分配。

$A<0.5$ 表示没有分配。

4）本实验在体育运动中的意义。

表 6-16　注意分配实验数据记录表

实验次数 限制时间	第一次	第二次	第三次	第四次	平均值
单独对光正确反应次数/30s					R_i
单独对声正确反应次数/30s					L_x
同时对光、对声正确反应次数/35s					R_2 L_i

四、动作技能形成过程的分析

（一）实验目的

1）分析技能形成的过程。

2）观察集中练习和分散练习对技能形成的不同影响。

（二）实验原理

镜画学习是一种典型的技能形成过程。在这一学习过程中，由于遮眼板挡住了被试的视线，使他不能看到纸上的图案，只能从镜子中看到图案，镜子中的图案颠倒了图形的上下方向，但左右方向没有改变。因为改变了以往的书写习惯，被试在练习的初始阶段会感觉非常困难，但随着练习次数的增加进步加快，最后达到正确完成镜画学习。每一次练习的时间和出现的错误次数都有变化，可以用曲线表示出来，说明新技能形成的过程。

（三）实验器材

镜面仪、星形图、案纸、遮眼板、秒表、铅笔。

（四）实验方法

1）查阅相关文献。

2）通过镜画学习和练习曲线的绘制使学生进一步理解技能形成过程。

3）通过甲、乙两组分别用集中练习和分散练习两种方式得出的练习时间和错误次数之间的变化，观察集中练习和分散练习对技能形成的不同影响。

4）记录实验数据，处理和分析实验结果，得出结论，书写实验报告。

（五）实验步骤

1）选择日常生活中用右手的被试，令其面对镜子正坐。主试将星形图案纸放在镜前，调节遮眼板，使被试不能直接看见图形，只能在镜中看见。

2）被试用右手执笔，笔尖放在星形纸图案的起点处，做好准备。主试发令："开始"，被试立即动作，按图中箭头所示方向，顺着星形图的双线中央，尽快地画一圈，直至回到原起点时为止，这算练习一次。

3）被试所画的线如果触及了星形图中双线的边际时，就会发出响声，这就算犯了一次错误；如果倒退一次也算一次错误。用计数器累计每次练习中所产生的错误动作的次数。

4）在主试发出"开始"指令的同时，启动秒表，直到被试画完一遍，笔尖到达原起点时，立即停止秒表。主试记下每一次练习所需的时间。每一被试连续练习 10 次。

5）在上述实验的基础上选出两个实验组，每组为 5 人。甲、乙两组被试都练习 12 次，分为两个阶段进行，即在第 6 次练习与第 7 次练习之间间隔 24 h。

6）甲组被试的第 1～6 次练习是分散的，各次练习之间休息 1min，第 7～12 次练习是连续的。

7）乙组被试的第 1～6 次练习是连续的，第 7～12 次练习是分散的，各练习之间也休息 1 min。实验的结果同样计算完成作业所需的时间以及产生错误动作的次数。

（六）注意事项

甲、乙两组的被试都选用优势手做镜画练习。

（七）实验报告

1）用图示形式表明，随着练习次数的增加，被试所画星形图的曲线由抖动而变成平稳的情景。

2）用曲线形式表明，随着练习次数的增加，被试每完成一次练习所需时间减少的情景。

3）用曲线形式表明，随着练习次数的增加，被试每完成一次练习所犯错误减少的情景。

4）用曲线形式表明甲乙两组在采用集中练习与分散练习时的不同成绩（表现为随着练习次数为 1～6 次时，以及 7～12 次时的完成一次练习所需时间与错误动作的次数的变化）。

5）分析实验结果并写出结论。

五、动作技能迁移的测量

（一）实验目的

学习使用触棒迷宫的方法，检验双手动作技能之间的迁移性影响。

（二）实验原理

已经掌握的技能对新技能的掌握发生积极的影响，称为技能的迁移。最常见的运动技能迁移现象是身体两侧对应器官的迁移现象，如左右手、左右脚之间的运动技能的双向迁移：本实验使用小棒走迷宫检验用右手走迷宫对左手走迷宫练习的迁移作用。

（三）实验器材

触棒迷宫、小棒、停钟、遮眼罩、计数器。

（四）实验方法

1）实验分两组进行，一组是实验组，一组是控制组。
2）实验组分被试和主试分别进行实验。

（五）实验步骤

1）被试蒙上眼睛用小棒走迷宫。在实验过程中不要让被试看见迷宫的路线，主试把被试拿着的小棍放在迷宫的起点。放好以后，就发口令："预备……走。"被试听到"走"，就从起点开始在迷宫中移动小棍直到终点为止。

2）记下被试从起点到终点所需时间及犯错误的次数。错误的次数是指被试进入死路的次数，每次进入死路时都会发出响声。

3）每做完一次后，在第二次开始以前先把被试拿的小棒放在迷宫的起点处。在整个实验过程中都不让被试看见迷宫的路线。在实验过程中应安排被试进行适当的休息。

4）实验中将被试分为实验组与控制组两组。实验组被试先用左手练习走迷宫10次，用停钟记下每次所需时间，用计数器记下每次的错误次数。

5）继而要实验组被试用右手练习走迷宫10次，用停钟记下每次的时间及错误次数。

6）进而要实验组被试用左手再练习走迷宫10次，同样记下时间及错误次数，然后要求被试休息，左右手均不做任何动作。休息时间长短相当于实验组用右手练习走迷宫20次的时间。

7）控制组被试，要求先用左手练习走迷宫 10 次，记下每次所需时间与错误次数。然后要求被试休息，左右手均不做任何动作。休息时间长短相当于实验组用右手练习走迷宫 20 次的时间。

8）进而对控制组要求用左手再练习走迷宫 10 次，同样记下每次所需时间和错误次数。

（六）注意事项

实验前不允许练习。

（七）实验报告

1）整理每次练习的结果，按时间和错误次数两个指标画出练习曲线。
2）按下面的方法计算：

设实验组用左手先练习时的第 10 次所需的时间（或取错误次数）称为测验前实验组 10；实验组用左手后练习时的第 10 次所需的时间（或取错误次数）称为测验后实验组 10；控制组用左手先练习时的第 10 次所需的时间（或取错误次数）称为测验前控制组 10；控制组用左手后练习时的第 10 次所需的时间（或取错误次数）称为测验后控制组 10。

（测验前实验组 10-测验后实验组 10）/测验前实验组 10×100%　①

（测验前控制组 10-测验后控制组 10）/测验前控制组 10×100%　②

若①-②=0 则动作技能之间无迁移作用；

①-②＞0 则动作技能之间有正迁移作用；

①-②＜0 则动作技能之间有负迁移作用。

当①-②不等于 0 时，试进行其差异是否具有显著性的考验。

六、时间知觉测定

（一）实验目的

测定人对时间的知觉能力。

（二）实验原理

时间知觉是人对客观现象的延续性和顺序性的反映。对时间长短的估计，经常受到生理、心理等因素的影响。本实验利用时间复制法研究时间知觉。复制法要求被试复制出在感觉上认为与标准刺激相等的时间来，以复制结果与标准刺激的差别作为时间知觉准确性的指标，并区分是高估还是低估了标准时间。复制法测量的结果不受过去经验的影响，它能确切地表示一个人辨别时间长短的能力，可作为职业评测的一个指标。

（三）实验器材

BD-II-121型时间知觉测试仪。

（四）实验方法

1）主试和被试先通过老师的讲解熟悉仪器的具体操作。

2）主试把被试的数据记录在表格中，最后进行结果处理。

（五）实验步骤

1）实验前，主试应将被试操作键的插头插在仪器后面板相应插座中，被试手持被试操作键，打开后面板的电源开关。

2）被试选择刺激方式：按"刺激方式"键，键上方的"光"灯亮，表示光刺激呈现3。

3）选择试验次数：按"实验次数"键，键上方"10"灯亮，表示实验进行10次。

4）选择标准刺激信号：按"+""–"键，调整信号类型参数（第一位数码管），参数范围0～9；参数0表示连续信号。

5）被试做好准备后，主试按下"开始"键。

6）2 s预备，被试键盘提示灯亮黄色。

7）按设定的刺激方式（光）及刺激信号类型呈现标准刺激。10个标准刺激时间（0.5s，1s，1.5s，2s，3s，4s，6s，8s，12s，16s）将随机呈现，实时显示时间。呈现标准刺激期间被试键盘灯亮红色。

8）被试键盘灯亮绿色表示被试复试开始。被试按下被试键盘"回车"键开始呈现比较刺激，为连续光刺激（不受信号类型限制），当感觉上与刚呈现的标准刺激时间相同时，马上抬起键，显示的就是比较刺激时间。

9）2s 后显示偏差值，快了（与标准时间比）为正；慢了为负（显示"-"）

10）1s 后将按设定的刺激方式重新开始预备，呈现标准刺激，回到第 5 步，直到进行到 10 为止。

11）实验结束时，发出一长声响，显示平均偏差值。

12）按"+"键，可依次显示 10 或 20 个的标注时间（0.5 s，1 s，1.5 s，2s，3 s，4 s，6 s，8 s，12 s，16 s）中的一个或 00.00，再按"位"，显示相应时间的偏差值；当时间显示为 00.00 时，按"位"键，显示的是平均偏差值。

（六）注意事项

1）实验前，被试要熟悉仪器的使用。

2）为了取得原始可靠数据，一般在测试中不给被试时间矫正。

（七）实验报告

把被试在实验室进行测定的数据填入表 6-17 中。

表 6-17 实验室 3S 测定数据记录表　　　　　（单位：s）

项目	次数	标准时间	实验时间	误差	平均误差
实验室测定	1	0.5			
	2	1			
	3	1.5			
	4	2			
	5	3			
	6	4			
	7	6			
	8	8			
	9	12			
	10	16			

七、气质类型测定

（一）实验目的

1）学习心理测量的原则和方法。

2）学习用气质量表来测定个体的气质类型。

（二）实验原理

气质是一个人天生就具有的心理活动的动力特征。心理学把人们的气质区分为 4 种典型的类型：胆汁质、多血质、黏液质和抑郁质。除了上述 4 种类型之外还有很多混合类型。本次实验采用的是心理测量法、相对观察法、条件反射法，更能反映个体气质的实际情况。

（三）实验器材

气质类型量表、气质测试答案纸、气质测验得分表、气质量表常模。

如果某类气质得分明显高出其他 3 种，均高出 4 分以上，则可定为该类气质。如果该类气质得分超过 20 分，则为典型；如果该类得分在 10~20 分，则为一般型。

两种气质类型得分接近，其差异低于 3 分，而且又明显高于其他两种，高出 4 分以上，则可定为这两种气质的混合型。

3 种气质得分均高于第四种，而且接近，则为 3 种气质的混合型，如多血-胆汁-黏液质混合型或黏液-多血-抑郁质混合型。

如 4 栏分数皆不高且相近（<3 分），则为 4 种气质的混合型。多数人的气质是一般型气质或两种气质的混合型，典型气质和数种气质的混合型的人较少。

此外，凡是在 1、3、5……奇数题上答 "2" 或 "1"，或在 2、4、6……偶数题上答 1" 或 "–2"，每题各得 1 分，否则得半分。如果你是男性，总得分在 0~10 则非常内向，11~25 比较内向，26~35 介于内外向之间，36~50 比较外向，51~60 非常外向。如果你是女性，总得分在 0~10 非常内向，11~21 比较内向，22~31 介于内外向之间，32~45 比较外向，46~60 非常外向。

需要强调的是，运用短时的观察和实验法来确定气质类型时，有一定的局限性。全面而准确的测定需要通过长时间和多方面的观察，并联系对被试者整个生活历程的了解和分析，才能真正看出一个人高级神经活动类型的最稳定的特征。因此，气质的问卷调查对被试者气质类型的确定只是一种"大致的确定"。

（四）实验方法

1）测验可团体或个别进行。

2）将每题得分填入"得分"栏内。

3）计算每种气质类型的总得分数。

（五）实验步骤

1）主试念指导语，指导语如下。

本测验共有 60 个问题，只要你能根据自己的实际行为表现如实回答，就能帮助你确定自己的气质类型，但必须做到：

a. 回答时请不要猜测题目内容要求，也就是说不要考虑应该怎样，而只回答你平时怎样，因为题目答案本身无所谓正确与错误之分。

b. 回答要迅速，不要在某道题目上花过多时间。

c. 每一题都必须回答，不能有空题。

d. 在回答下列问题时，你认为：

很符合自己情况的，就应在相应的题号后面"+2"的小方格里面画√号；

较符合自己情况的，就应在相应的题号后面"+1"的小方格里面画√号；

介于符合与不符合之间的就应在相应的题号后面"0"的小方格里面画√号；

较不符合自己情况的，就应在相应的题号后面"-1"的小方格里面画√号；

完全不符合自己情况的，就应在相应的题号后面"-2"的小方格里面画√号。

2）被试先在"气质测试答案纸"上填写好姓名、性别、年龄和测验日期，然后阅读"气质类型量表"并同时填写"气质测试答案纸"。共 60 题。

3）填写完答案进行答案处理。

（六）注意事项

1）主试念的指导语要一致，不要对被试做其他的解释，以确保实验结果的准确性。

2）此问卷没有时间限制。

（七）实验报告

1）对实验数据进行处理，写出被试的气质类型。

2）如何看待自己的气质？气质可以改变吗？

第六节　技、战术的测评

足球技、战术的测评，包括对足球队伍技术水平、战术水平的测度。足球队伍技术水平、战术水平的测度有多种途径，如整理多次训练或比赛中队员们的表现与成绩，探讨队员们的技术意识、战术意识等。笔者以探讨足球运动员战术意识为例，对足球技、战术测评实验进行研究。

一、实验目的

通过小场地情景教学模式来提高足球战术意识，通过迁移理论运用到标准足球场地，探讨利用小场地情景教学来提高足球意识是否比传统教学更加显著。

二、实验方法

通过实际教学进行实验对比研究，采用实验班和对照班相比较的方法，实验班采用情景教学模式的方式来提高被试队员的战术意识水平，对照班采用传统的教学方式提高队员的战术意识水平，所得数据通过使用 SPSS 统计软件 24.0 进行处理得出结果，通过结果分析对"情景教学模式提高足球运动员战术意识的效果优于传统教学模式"的假设进行验证。

三、实验对象

足球运动员。

四、实验步骤

实验班由情景教学教师进行战术意识教学，对照班由普通教师进行战术意识教学，队员比赛数据得分均由 2 名本校足球教练测评（足球训练经验越丰富越好）。

1. 对照组采用传统教学情景足球战术意识教学过程

1）通过教练的讲解示范队员去模仿练习的方式来提高队员的战术意识。

2）通过提高队员的足球理论知识来加深对足球战术意识的理解。

3）通过观看高水平的足球赛事以及比赛录像来提高队员的足球战术意识。

4）以技术训练为主导来提高运动员的战术意识。

5）在训练场上对队员的表现采用奖赏惩罚的方式来提高队员的战术意识。

6）在无球无对抗的条件下来提高队员的战术意识。

7）进行战术意识效果测试，并进行五场标准的足球比赛，统计每名队员相关的数据，包括传球得分、运球突破得分、接控球得分、抢断得分等。

2. 实验组采用情景教学比赛的模式来进行战术意识教学过程

1）实验过程共分为四个阶段，每个阶段 8 学时的课程，第一阶段主要以提高队员的技术水平为主要的训练目标，但这种训练模式区别于传统的技术教学模式，它是通过在小场地的比赛过程中所出现的技术错误通过改正来提高队员的技术水平的，技术因素是提高战术意识的保证。

2）第二阶段通过一定时间的技术训练，队员在技术方面有了一定的提高，这个阶段让队员通过小场地比赛来提高与加深对足球战术意识的理解，将技、战术意识合理的运用到比赛中去，在比赛中体验并提高足球战术意识，在比赛中出现不合理的技战术动作，教练指出并进行纠正。

3）第三阶段通过迁移理论等因素将在小场地体验出的足球战术意识合理运用到标准的足球比赛场地，深化队员的足球思维意识，并采用无球跑位的合理对抗进行训练，进一步深化对足球战术意识的理解。

4）第四阶段进行战术意识效果测试，并进行五场标准的足球比赛，统计每名队员相关的数据，包括传球得分、运球突破得分、接控球得分、抢断得分等。

五、结果分析

根据实验数据得出实验班与对照班实验前后进步的差异性，得出实验班与对照班战术意识的差异性，检验假设。

第七章　足球设计性实验与拓展性实验

第一节　足球设计性实验

前面笔者已经介绍过足球实验设计的目的、方法、设计、数据分析及报告撰写等内容。开展足球运动实验教学，笔者认为应当革新教学理念，升级教学机构，优化教学方式，提高足球设计性实验的教学质量。

参考运动生物化学实验教学改革与实践中，南京体育学院张蕴琨教授带领团队创建的"菜单引导式"综合性、设计性实验教学模式，笔者提出"足球菜单引导式"实验教学模式。笔者设想，与计算机软件工程专业实验室合作，研发"足球综合性设计性实验菜单选择"应用程序与设计性实验各要素的关系，针对足球专业本科学生知识特点和足球运动指标多、影响因素多及多学科交叉的特点，应用 Visual Basic 编写程序，引导学生进行实验设计。

一、足球专业综合性、设计性实验教学模式

"菜单引导式"综合性、设计性实验教学模式，以学生好奇心为出发点，以兴趣为导向，以实验为手段，以学生创新能力培养为最终目标，构建"好奇·兴趣·实验·创新"的教学理念。

1. 分析学生特点，探索实验教学改革切入点

深入分析学生特点、提高针对性是架构创新教学体系的首要因素。足球专业学生通常具有一定的体育实践经历，思维活跃、活泼好动，喜欢直观的趣味性内容。

2．分析课程地位，实现实验教学目标

足球实验教学是理论知识学习与实践应用的桥梁，承担以理论指导实践的重要任务，既是前导课程的理论深化，又为后继课程打下应用基础，因此，注重应用、强化能力训练是足球实验教学的目标。

3．运用"好奇·兴趣·实验·创新"的教学理念

好奇是创造行为的开始，在创造性思维中具有触发催化的作用，从而成为学生行为的内在动力之一。要培养学生的创新能力，首先就要激发学生的好奇心。

兴趣是创新思维的先导，是创新的原动力。教师巧妙地引导学生，创设情景、设疑、以疑引趣、以奇引趣、以动引趣，在问题解决中体会学习的兴趣。

实验是一种探究性学习，是培养创新能力的手段。实验教学改革的重点是根据确定的选题由学生运用有关生物化学知识和技能，自主设计实验方案，自己动手操作完成实验，并分析实验结果，提高解决体育运动中的实际问题的能力。

创新是设计性实验的灵魂，实验教学改革的最终成果是培养学生的创新精神和创新能力。

二、"足球综合性设计性实验菜单选择"软件的设计

笔者提出软件主界面采用不同的背景色彩进行区分，一页含有实验主题、实验对象、施加因素、测试指标的页面，设计者直接勾选相应内容即可。在主界面中的左侧输入学生姓名与学号，然后设计者在设计思路的文本框中填写，设计完成后，软件自动生成一个以学生学号为文件名的 TXT 文档，教师可以根据学生所写的思路，对照学生设计中实际勾选的主题、对象、施加因素、效应指标分析判断学生的设计是否与思路吻合，是否能实现实验目标。通过这一过程，学生与老师完成一次反馈，也让学生进一步修改设计方案，这样的反馈可反复多次，直至方案达到实验目标。

软件自动生成的文档，简洁明了，自动生成格式，便于教师在众多的方案中快速阅读。此外，生成的文档采用占用系统资源最少的 TXT 格式，更利于教师同时打开多个学生的设计方案，同时比较与讲解。

软件设置"知识准备菜单"中包含丰富的内容介绍，即主界面所涉及各项内

容的详细讲解与资料支撑。"知识准备菜单"既可为使用者提供学习资料,也可以作为实验设计原理的理论依据。

第二节 足球拓展性实验

本节介绍三个足球拓展性实验,足球运动实验教师可结合上述应用程序的设想,开展综合性的足球设计性实验教学,并探讨上述设计应用程序的可行性。

一、骨代谢生化指标测试

骨在整个生命过程中都具有新陈代谢的活性,骨代谢的过程往往能反映破骨细胞与成骨细胞的活动及骨基质、骨矿物质的变化,运动对骨的影响可通过骨质量标志物和骨代谢生化标志物的变化反映出来。

骨密度是反映骨质量的一个重要标志,测量常用各种测试仪器来进行,骨密度测试仪器的校正标准是骨重量与骨体积之比(g/cm^3),最准确的测量方法是直接测量骨湿重、骨干重、骨灰重与骨体积的比值。适宜运动对所有人群的骨密度都有良好影响,骨量增长期人群的适宜运动可提高骨质密度,骨量平衡期人群可维持骨质密度,骨量下降期人群可延缓骨质密度丢失。

血清总碱性磷酸酶(TALP 或 ALP)和骨型碱性磷酸酶(BALP)是最常用来反映骨形成和骨转换的指标。成骨细胞含有丰富的碱性磷酸酶,其在骨钙化区水解磷脂,释放的磷酸根与钙以沉淀的方式沉积在胶原骨架上,发生骨矿化作用。成骨活跃时,成骨细胞分泌大量碱性磷酸酶,一部分参与骨的钙化,一部分释放到血液中,使血中酶活性升高。血清(血浆)ALP 活性可以反映成骨细胞活跃状况。大量实验证实,适宜运动可提高人体骨量增长期的骨密度,生化指标显示血清 ALP 和 BALP 活性明显增加。

反映骨吸收的生化指标主要有血浆抗酒石酸盐酸性磷酸酶(tartrateresistant acid phosphatase,TRAP)、尿羟脯氨酸(hydroxproline,HYP)等。TRAP 主要由破骨细胞释放,因此血浆中的 TRAP 水平反映破骨细胞活性和骨吸收的状态。HYP 是人体胶原蛋白的主要成分,占 10%~13%。尿中排出的 HYP 基本上能反映骨吸收和骨转换的程度,但不具特异性,胶原降解时可释放出游离 HYP 和 HYP 的寡肽。适宜运动对骨量增长期的骨吸收生化标志物影响不大,但可明显抑制骨量丢失期的骨吸收过程,骨吸收生化标志物下降。

运动骨代谢学领域的骨代谢生化标志物研究是 20 世纪末期发展起来的研究方向,尚待研究的课题很多,具有广泛的研究空间。这里介绍骨比重(表观骨矿密度)与骨密度的化学法测定。

(一)实验原理

新鲜的骨标本称重后放入量筒,根据阿基米德定律(Archimedes law)测量骨体积,骨湿重与骨体积之比(g/cm^3)即为骨比重;骨标本干燥至恒重后称重,骨干重与骨体积之比(g/cm^3)即为骨矿密度;骨标本完全灰化后称重,骨灰份与骨体积之比(g/cm^3)即为骨密度。该方法是最准确测量骨标本密度的实验方法,同时也是各种骨密度测试仪器的校准方法。

(二)主要仪器和试剂

测量仪器:量筒、分析天平、坩埚、恒温箱。

(三)操作方法

1)新鲜的骨标本制备:剥取新鲜骨标本,去净附着软组织后用浸透生理盐水的纱布包好,-20 ℃保存。

2)骨体积测量:量筒装适量水,记录刻度为 V_1;用细线绑住新鲜骨标本缓缓放入水中,水面上升刻度为 V_2;骨标本体积=$V_2 - V_1$(单位为 cm^3)。

3)骨湿重称量:使用分析天平对新鲜骨标本称重(湿重,单位为 g)。

4)骨干重称量:将骨标本放入坩埚,105℃烤干至恒重后,使用分析天平称重,即为干重(g)。

5)骨灰重称量:将干骨标本放入坩埚,650℃灰化 48 h,使用分析天平称重,即为干重(g)。

6)计算:按照下列公式计算骨比重、骨矿密度和骨灰份密度。

$$骨比重(表观骨矿密度,g/cm^3)= \frac{骨湿重}{骨体积}$$

$$骨矿密度（g/cm^3）= \frac{骨湿重}{骨体积}$$

$$骨灰份密度（g/cm^3）= \frac{骨湿重}{骨体积}$$

（四）质量控制

1）新鲜骨标本剥取过程中要去净附着软组织，以免影响骨标本重量。

2）对于体积较大的骨标本，可采用适宜的量杯来进行骨体积测量。

3）骨标本灰化要完全，坩埚中的骨灰需清理干净，全部用来进行骨灰重称量。

二、肌损伤生化指标测试

长期运动训练尤其是大强度运动，往往导致肌损伤，而运动时肌肉负荷过程及恢复期的生化变化，常反映在血清酶活性的改变上。因此，测定血清酶活性是评定身体机能的重要手段。CK 是骨骼肌细胞中能量代谢的关键酶之一，在短时间、最大强度的运动中是非常重要的，直接影响运动员最大供能情况下的运动能力。正常情况下，肌细胞膜结构完整、功能正常，CK 极少透出细胞膜。短时间运动对 SCK 活性影响不大，但长时间运动可使 CK 活性增加，并随运动时间的延长，CK 活性出现显著增加。一般认为，运动后 CK 活性立即升高，8～16 h 出现峰值，48 h 或 72 h 后恢复到正常水平。剧烈运动后 CK 会显著升高。CK 的影响因素有运动强度、运动时间长短、训练水平、运动方式和性别。

CK 同工酶由 M、B 两个亚基组成，因此可形成 MM、MB 和 BB 三种同工酶，这些同工酶的亚基在体内外可互相转化，其方式为：CK–MM+CK–BB=CK–MB+CK–MM+CK–BB。由于它们碱性氨基酸的含量不同（CK–MM＞CK–MB＞CK–BB），因此，在一定条件下，CK–BB 电泳迁移率最大，它随白蛋白移动；CK–MB 次之，位于 σ_2 球蛋白区；CK–MM 最小。它们的半衰期依次为 3h、12 h 和 15 h 左右。在 pH8.0 条件下电泳时，CK–BB、CK–MB 和 CK–MM 电泳迁移率大致分别与血清蛋白、仅 σ_2 球蛋白，以及 γ-球蛋白相同。CK 同工酶是一种器官特异性酶，正常人骨骼肌中几乎全部为 CK–MM，少量存在于其他器官（如心肌、胎盘），故称肌型同工酶；CK-MB 主要存在于心肌细胞内，骨骼肌内含量<5%，故称心型同工酶；CK-BB 在脑和脊髓内含量最高，且均匀分布，故称脑型同工酶。另有存在心、脑、肝的线粒体中，由 2 个亚基组成的双聚体，称为线粒体 CK 同工酶。运动时骨骼肌通透性增加或肌膜受损，可使血清中 CK-MM 浓度升高；当运动员发生心电图异常时，结合 CK-MB 指标变化，用以判断心肌受损情况，尤其是因大运动量导致的变化，以 CK-MB 浓度升高大于 5 μ/L 或 CK-MB 大于等于 CK 总活性的 3%作为阳性，此时需控制运动量。

乳酸脱氢酶（LDH）同工酶由 5 种亚基组成，分别为 LDH_1、LDH_2、LDH_3、LDH_4、LDH_5。LDH_1 全由 H 亚基组成，为心型乳酸脱氢酶，LDH_5 全由 M 亚基组成，为肌型乳酸脱氢酶。人体在大强度、长时间运动后，血清乳酸脱氢酶明显增加，根据不同乳酸脱氢酶同工酶的变化来判断骨骼肌或心肌损伤情况，用以运动负荷的科学监控。

因此，血清上述指标的变化和综合分析，可作为评定肌肉承受刺激、肌肉微细损伤及其适应与恢复的科学监控方法。这里介绍 SCK 活性的化学法测定。

（一）实验原理

血清在 37℃、pH7.4 环境下磷酸肌酸（CP）、腺苷二磷酸（ADP）一起保温，CP、ADP 在血清中的 CK 催化下，生成肌酸和腺苷三磷酸（ATP），此反应以镁离子作激动剂，巯基乙醇作为保护剂防止酶自发性衰变。保温结束后，以氢氧化钡和硫酸锌沉淀蛋白质，终止反应。然后上清液中的肌酸可与 α-萘酚和双乙酰结合，生成红色化合物。在一定范围内，红色的深浅与肌酸的含量成正比，与同样处理的标准品比色，可算出 CK 的活性。

（二）仪器与试剂

（1）测试仪器

分光光度计。

（2）试剂配制

1) 基质缓冲液：临用前称取 ADP 钠盐 1.05 mg，水 0.4 mL，溶解后，加入 CP 钠盐 7.3 mg 溶解，并加 0.1 mol/L 醋酸镁 0.1 mL、0.1 mol/L 巯基乙醇 0.1 mL，

最后加水至 1 mL，用 0.1 mol/L Tris 溶液 0.01 mL 校正 pH 至 7.4。

2）0.1 mol/L 醋酸镁溶液：醋酸镁 2.14 g，加水至 100 mL。

3）0.1 mol/L 巯基乙醇溶液：巯基乙醇 1.36 mL，加水至 100 mL。

4）1 mol/L Tris 溶液：取三羟甲基氨基甲烷 12.11 g，加水溶解至 100 mL。

5）肌酸标准液（1.7 mmol/L，）：准确称取无水肌酸 22.3 mg，加水至 100 mL，冰箱保存。

6）0.06 mol/L 氢氧化钡：称取氢氧化钡 [Ba(OH)$_2$·H$_2$O] 0.92 g，加水至 100 mL。

7）1%硫酸锌：称取硫酸锌（ZnSO$_4$·7H$_2$O）1 g，加水至 100 mL。

8）碱储备液：氢氧化钠 30 g，无水碳酸钠 64 g，加水至 500 mL。

9）4%α-萘酚：临用前称 α-萘酚 0.5 g，加碱储备液 12.5 mL。

10）1:20 稀释双乙酰：取双乙酰 1 mL，加蒸馏水至 100 mL，棕色瓶中保存，临用前用水稀释 20 倍。

（三）操作方法

1）取试管 3 支，做好标记，按表 7-1 进行操作。

表 7-1 血清 CK 活性的测定

加入物/mL	空白管	标准管	测定管
血清	—	—	0.02
肌酸标准液	—	0.02	—
双蒸水	0.02	—	—
预温基质缓冲液（37℃）	0.1	0.1	0.1
充分混匀，37℃水浴 30min			
0.06mol/L 氢氧化钡	0.5	0.5	0.5
充分混匀，2000r/min 离心沉淀 3min 后，另取 3 支小试管，同样编号			
上清液	0.8	0.8	0.8
4%α-萘酚	1.0	1.0	1.0
1:20 稀释双乙酰	0.5	0.5	0.5
混匀后，在 37℃水浴 15min			

2）室温中放置 20 min，空白调零，在 520 nm 波长比色，记录各管吸光度。

3）计算：按照下列公式计算血清 CK 活性

$$\text{SCK}（U/L）=\frac{测定管吸光度}{标准管吸光度}\times 56.66$$

（四）参考区间

血清 CK 的正常值为 100 U/L。运动后，血清 CK 的活性可显著升高。测定血清 CK 能较好地反映运动量的大小和运动后的恢复过程。

（五）附注

1）国际单位的换算：将 0.1 mL 血清放置在 37℃水浴中 30 min 所释放出的肌酸微克分子数乘以 10000/30，即得国际单位／升血清。

2）红细胞中 CK 活性很低，溶血对结果不产生干扰。

3）血清 CK 对蓝光敏感，血清标本若不能及时测定，应置低温冰箱暗处保存。-25℃可稳定 2 个月。

三、动作学习中的运动表象训练

（一）实验目的

通过运动表象训练实验，使学生对运动表象训练有一完整的、形象化的理解，初步掌握进行此种训练的具体方法。

（二）实验原理

运动表象训练是心理技能训练的核心内容。这一方面的特点是在暗示语的指导下，在头脑中反复想象某种运动动作或运动情境，从而提高运动技能和情绪控制能力。运动表象训练在运动心理学中被称为内心学习（除表象训练外，还有思维训练等），作为实验对象，如果足球运动员在日常运动训练中积累了大量的技术动作的形象，有的自发地进行过回忆技术动作形象的尝试（俗称过电影），这些都会使实验效果更完善。

（三）实验器材

足球器材、秒表。

（四）实验方法

1）本实验分实验组和对照组。

2）对照组被试在教学中一直跟着教练不停地进行动作操练学习。实验组则在动作操作学习中安排一段静息时间进行表象训练。主要是回忆教师的示范动作。

（五）实验步骤

1. 准备工作

选择没有学习过初级足球的 40 名男大学生或 40 名女大学生为被试。将被试按足球成绩分为两个等组：实验组、对照组。两个组由同一足球教练执教。

教学内容是足球传接运射动作。每班各学 4 课时，每时应保证有 40 min 用于技术学习。连续学习 4 天，第五天进行测验。两个班的教学和测验时间应彼此错开，并使他们不相互参观。

2. 教学测验

对照组被试在教学中一直跟着教练不停地进行动作操练学习。实验组则在动作操作学习中安排一段静息时间进行表象训练。主要是回忆教练的示范动作。其具体做法如下：

第一、二天，两个组都学分解动作；第三、四天把动作连贯起来学习。每节课留 5 min 纠正动作的错误。在学习中，对照组的被试由教练示范讲解两遍，学生随着教练的示范模仿一遍。然后，学生用相当于模仿两遍的时间回忆教师的动作，再由学生自己做两遍。

（六）注意事项

1）运动表象训练实验，属于心理训练方法的练习实验，在实验前必须使被试了解进行运动表象训练的方法，否则不宜开始训练。

2）在运动表象训练实验前应使被试明确将要训练的技术动作，动作不能太复杂，也不能太多，要由简到繁，由易到难逐渐增加难度。

（七）实验报告

1. 效果检查

测验由其他教练担任主试。评分标准按足球比赛评分方法执行，满分10分。

测验后，主试个别询问实验班被试："这种运用运动表象的学习方法与以前接触的学习方法相比，哪一个更优越？为什么？"

2. 结果统计

1）分别统计并比较两班被试用于观察学习、动作操练和运动表象训练的3种时间。

2）统计各班的测试成绩（包括总成绩和人均成绩）并进行差异显著性考验。

参 考 文 献

柏树令. 2004. 系统解剖学(6 版)[M]. 北京：人民卫生出版社.
蔡铁权，臧文彧，姜旭英. 2008. 足球运动实验教学与研究[M]. 上海：华东师范大学出版社: 26.
陈步云，陈旭凌. 2010. 浅谈我校实验教学改革的经验与体会[J]. 实验室科学, 13(2): 35-37.
丹尼尔·M. 兰德斯. 2000. 心理演练/表象和运动表观：指导应用的研究成果[J]. 体育科学, 20(3): 70-73.
冯英忠，卢泽楷，李志光. 2012. 地方高校实验室建设与创新人才培养的研究和实践——以广州大学为例[J]. 实验技术与管理, 29(11): 26-28.
顾德明，缪进昌. 2006. 运动解剖学图谱(修订版)[M]. 北京：人民体育出版社.
国家体育总局. 2011. 2011—2020 年奥运争光计划纲要[Z]. www. sport. gov. cn.
国务院. 2016. 全民健身计划(2016—2020 年)[Z]. 国务院，中国政府网.
侯振江. 2004. 新编临床检验医学, 北京：人民卫生出版社.
湖南师范大学精品课程"运动解剖学"网站. http: //labhunnuedu. cn/ec/C243/Course/index. htm.
华东师范大学《运动解剖学》精品课程网站. http: //jpkcecnu. edu. cn/0709/jiaocai. asp.
黄海. 2006. 运动人体机能实验学[M]. 北京：人民体育出版社.
黄希庭. 1996. 心理学实验指导[M]. 北京：人民教育出版社.
季浏. 2006. 体育心理学学与教的指导[M]. 北京：高等教育出版社.
教育部. 2012. 教育部关于全面提高高等教育质量的若干意见[Z]. 教高[2012]4 号.
李百珍. 2002. 中小学生心理健康教育[M]. 北京：科学普及出版社.
李瑞祥. 2001. 实用人体解剖彩色图谱[M]. 北京：人民卫生出版社.
李世昌. 2007. 运动解剖学实验[M]. 北京：高等教育出版社.
刘达庄. 2002. 免疫血液学[M]. 上海：上海科学技术出版社.
刘继和，刘东方. 2013. 教师实验教学素养的提升[M]. 重庆：重庆大学出版社.
刘淑惠. 2005. 体育心理学[M]. 北京：高等教育出版社.
刘约权，李贵深. 1999. 实验化学(上册)[M]. 北京：高等教育出版社.
卢德明. 2001. 运动生物力学测量方法[M]. 北京：北京体育大学出版社.
卢义锦，姚士硕. 2001. 人体解剖学(1 版)[M]. 北京：高等教育出版社.
罗春丽. 2003. 临床检验基础(第 2 版)[M]北京：人民卫生出版社.

参考文献

马启伟. 2007. 体育心理学(2版). [M]. 北京: 高等教育出版社.
尼克·埃文斯. 2008. 健身解剖指南[M]. 刘润芝, 译. 北京: 人民体育出版社.
彭黎明. 2003. 检验医学自动化及临床应用[M]. 北京: 人民卫生出版社.
上海体育学院精品课程"运动解剖学"课程网站. http://elearning.suseducn/ydjpx/index.asp.
沈阳体育学院精品课程"运动解剖学"课程网站. http://jpk.syty.educn/index.asp?courseID=4.
松井三田. 1995. 体育心理学[M]. 北京: 人民体育出版社.
宋伯宁. 2007. 高等学校实验教学示范中心建设指南[M]. 济南: 山东大学出版社.
王国基. 2015. 运动人体科学实验[M]. 成都: 西南交通大学出版社.
王鸿利. 2001. 实验诊断学[M]. 北京: 人民卫生出版社.
王庸晋. 2001. 现代临床检验学[M]. 北京: 人民军医出版社.
王重鸣. 1990. 心理学研究方法[M]. 北京: 人民教育出版社.
武汉大学. 1985. 分析化学实验(第二版)[M]. 北京: 高等教育出版社.
熊立凡. 2003. 临床检验基础(第3版)[M]. 北京: 人民卫生出版社.
徐功骅, 蔡作乾. 1997. 大学化学实验(第二版)[M]. 北京: 清华大学出版社.
颜军. 1993. 体育教育心理学[M]. 扬州: 神州出版社.
杨春生, 宋乃国. 1998. 临床检验学[M]. 天津: 天津科学技术出版社.
袁汉光. 2002. 临床检验诊断学[M]. 广州: 广州科技出版社.
张力为, 毛志雄. 2003. 运动心理学(上、下册)[M]. 上海: 华东师范大学出版社.
张力为, 任未多. 2000. 体育运动心理学研究进展[M]. 北京: 高等教育出版社.
张秀明, 李健斋, 魏明竟, 等. 2001. 现代临床生化检验学[M]. 北京: 人民军医出版社.
张蕴琨, 丁树哲. 2016. 运动生物化学实验(第2版)[M]. 北京: 高等教育出版社.
赵士铎. 1996. 定量分析[M]. 北京: 中国农业科技出版社.
祝蓓里, 丁忠元. 1990. 体育心理学[M]. 上海: 华东师范大学出版社.
祝蓓里, 季浏. 1995. 体育心理学新编[M]. 上海: 华东师范大学出版社.
祝蓓里, 季浏. 2000. 体育心理学[M]. 北京: 高等教育出版社.
祝蓓里, 季浏. 2005. 体育心理学[M]. 北京: 高教高等教育出版社.

后　记

　　在本书编写的过程中，笔者非常希望展现出足球运动专业实验教学的特殊性，使所写的内容更有针对性，更有可操作性。在本书中，笔者努力展现出体育运动专业实验教学与其他自然科学专业实验教学相比所体现的特殊性，这一点不算太困难；同时，笔者还希望展现出足球运动专业实验教学与其他项目专业实验教学相比所体现的特殊性。最终，笔者尝试引入了足球技术、战术测评的实验，相信这是本领域研究较新的尝试，希望广大读者批评指正。

　　笔者力图在本书中体现出发散思维，将不同类型的实验囊括进来，这是新一代高校毕业生所需要的。但愿本书所展现出来的素材能够拓展广大师生的思路，更好地开展足球实验教学与科研工作。

著　者

2017 年 6 月